LACAN

はじめてのラカン精神分析

初心者と臨床家のために

アラン・ヴァニエ 著
赤坂和哉・福田大輔 訳

誠信書房

はじめてのラカン精神分析——初心者と臨床家のために◆目次

凡　例

・本書では、読者の理解を促進し、興味を喚起するために、著者の了解を得て、原書にはない図や写真等を掲載した。
・本文中の［　］は著者による補足を示す。なお、訳出上、省略した箇所があることをお断りしておく。
・本文中の〔　〕は訳者による補足を示す。
・基本的に、原著のイタリックは傍点とし、引用文以外の《　》は「　」とした。
・頭文字が大文字の単語には適宜〈　〉を付した。
・原書の注および訳注は、読みやすさを優先させて巻末にまとめて記載した。

略年譜

一九〇〇年　ジークムント・フロイト『夢判断』出版（実際には一八九九年一一月に刊行）年。[*1]

一九〇一年　アルフレッド・ラカンとエミリー・ボードリーの息子、ジャック＝マリー・エミール・ラカン〔ジャック・ラカン〕四月一三日パリにて生誕。

一九〇三年　マドレーヌ＝マリー・エマニュエル・ラカン〔ラカンの妹〕誕生。

一九〇七年　マルク＝マリー・ラカン〔ラカンの弟〕誕生。

一九一五年　フェルディナン・ド・ソシュール『一般言語学講義』第一版（シャルル・バイイ／アルベール・セシュエ編）出版。

一九二七年　マルティン・ハイデガー『存在と時間』刊行。

一九三二年　医学博士論文『人格との関係からみたパラノイア性精神病』刊行。博士論文出版前後、ラカンはシュールレアリストたちと親しく交わり、アンリ・クロード、とりわけガエタン・ガティアン・ド・クレランボーから精神医学の基礎を学ぶ。また、レイモン・アロンやレイモン・クノー、そしてジョルジュ・バタイユとともに、アレクサンドル・コイレとアレクサンドル・コジェーヴの講義を受ける。ルドルフ・レーヴェンシュタインとの分析開始。
一九三四年　マリー＝ルイーズ・ブロンダンとパリで結婚。この結婚でキャロリーヌ（一九三七〜一九七三）、ティボー（一九三九〜）、シビル（一九四〇〜）の三人の子どもが生まれる。
一九三六年　「鏡像段階論」発表（マリエンバートで開催された国際精神分析学会にて）。
一九三八年　「家族複合」発表（アナトール・ド・モンジ監修『フランス百科事典』に掲載）。
一九四七年　クロード・レヴィ＝ストロース『親族の基本構造』刊行。
一九五三年　六月一六日、精神分析家養成研究所《プラティスィエン》の創設にかかわる対立から、ダニエル・ラガーシュ、ジュリエット・ファヴェ＝ブートニエ、フランソワーズ・ドルト、ブランシュ・ルヴェルション＝ジューヴ、ジャック・ラカンはパリ精神分析協会（Société Psychanalytique de Paris : SPP）から脱会し、精神分析フランス協会（Société Française de Psychanalyse : SFP）を設立する。そのため、精神分析フランス協会（SFP）は国際精神分析協会（International Psychoanalytical Association : IPA）の所属ではなくなる。
ジョルジュ・バタイユと離婚したシルヴィア・マクレスと結婚。ジャック・ラカンとシルヴィア・マクレスの娘ジュディットは一九四一年に生まれる。
七月「象徴界、想像界、現実界」講演。
九月「精神分析における言葉《パロール》と言語活動《ランガージュ》の機能と領野」講演。

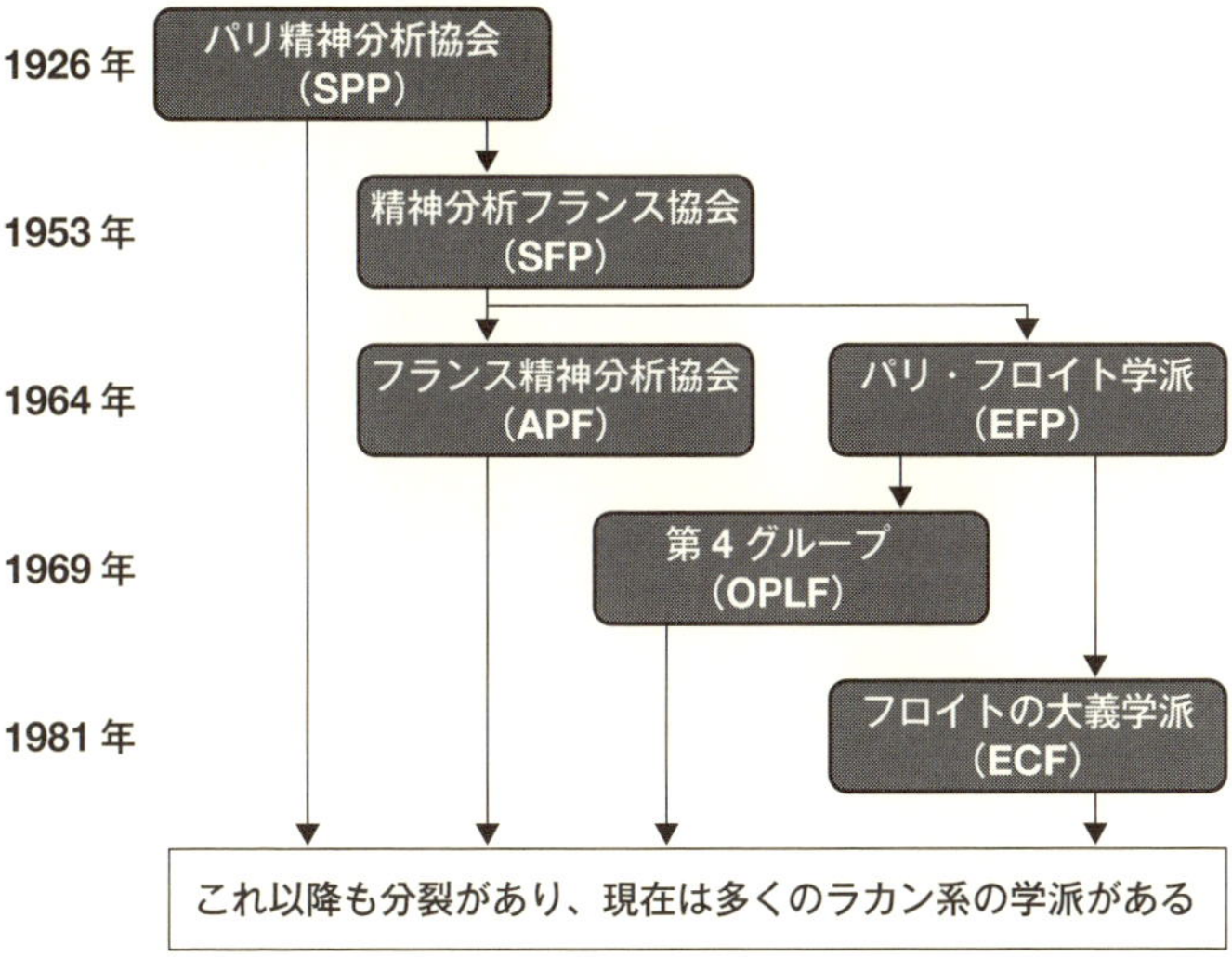
1926 年
パリ精神分析協会
(SPP)
1953 年
精神分析フランス協会
(SFP)
1964 年
フランス精神分析協会
(APF)
パリ・フロイト学派
(EFP)
1969 年
第 4 グループ
(OPLF)
1981 年
フロイトの大義学派
(ECF)
これ以降も分裂があり、現在は多くのラカン系の学派があるこの年の秋に厳密な意味でのセミネールが開始される（それ以前はラカンの自宅で定期的な研究会が開催されていた）。

一九五五年　マルティン・ハイデガーと邂逅。翌年、ラカンはハイデガーの「ロゴス」論文を翻訳する。

一九六三年～一九六四年　国際精神分析協会（IPA）復帰のための交渉後、精神分析フランス協会（SFP）は分裂する。この団体からフランス精神分析協会（Association Psychanalytique de France : APF）とパリ・フロイト学派（École Freudienne de Paris : EFP）が生まれる。フランス精神分析協会（APF）は国際精神分析協会（IPA）に加盟し、パリ・フロイト学派（EFP）はラカンによって創設され、当初は精神分析フランス学派（École Française de Psychanalyse : EFP）と命名されていた。セミネール『父の名』は一九六三年一一月二〇日の一回だけ開催される。ラカンはそれまでの教育活動の場であったサン・タンヌ病院を去り、一九六四年にユルム街の高等師範学校で一一番目のセミネール『精神分析の四基本概念』を開始する。

一九六六年　『エクリ』刊行。三四の論文・講演が一つにまとめられ「フロイトの領野」叢書をもつスイユ社から出版される。この叢書はラカンにより監修され、その最初のものは一九六四年に出版されたモード・マノーニの『知的障害児とその母親』である。

一九六七年　「学派の分析家に関する一九六七年一〇月九日の提言」発表。この「提言」によってパリ・フロイト学派（EFP）にパスの手順（「分析主体から分析家への移行を問う」ためにラカンによって導入されたもの）が創設される。

一九六九年　パスの手順に異議を唱え、ピエラ・オラニエ、フランソワ・ペリエ、ジャン＝ポール・ヴァラブルガなどがパリ・フロイト学派（EFP）を去り、第四グループ（Quatrième Groupe）とも呼ばれるフランス語精神分析組織（Organisation Psychanalytique de Langue Française：OPLF）を創設する。

パリ高等研究院において、ラカンのセミネールはパンテオン広場にあるパリ大学法学部の大講堂で継続される。一九六九年〜一九七〇年のセミネール『精神分析の裏側』はここで開かれる。また、ラカンの教育活動の最後までセミネールはここで開催される。

セルジュ・ルクレールによりヴァンセンヌ・パリ第八大学に精神分析学部が設立される。のちにジャック＝アラン・ミレールが学部長に任命される。

一九七三年　ジャック＝アラン・ミレールが編纂した最初のセミネール『精神分析の四基本概念』刊行。

一九八〇年　ラカンの署名入りの一月五日付の手紙でパリ・フロイト学派（EFP）の解散が告知される。

一九八一年　九月九日パリでジャック・ラカン死去。イヴリン県のギトランクールにて埋葬。

〔ラカンが設立の意思を表明したフロイトの大義学派（École de la Cause Freudienne：ECF）が創設される〕。

序論

ジャック·ラカン

ラカンとは何者だったのだろう。偉大な現代思想家なのだろうか。しかし、彼は思想を病いと捉えていた。私たちと隣人をよく理解させてくれる「心の専門家 psy」なのだろうか。ところが、彼は精神分析家《プラティスィエン》には患者を理解しないように勧め、理解しようとする試みの中に分析家自身の抵抗を認めていた。熱狂的な若者たちを自分の道に導くイデオローグ、もしくは教祖なのだろうか。しかし、彼は一九六八年の五月革命時に、フランスの近隣諸国で燃え上がったテロリズムに若者たちを巻き込むことはなかった。科学的命題を正しくない仕方で駆使し、哲学の伝統をアカデミックな方法を無視して操作する、いわば群衆を欺くペテン師だったのだろうか。それとも、真剣な思索の中で錯乱したシュールレアリストなのだろうか。たしかに、ラカンは期待された場所に姿を現すことなく、誰もが崇拝者か誹謗者かにまわってしまうような、そんな面食らわす人物であった。また、本当に驚きなのは、慣れ親しんだ道から逸らし、未知の道程――それは実はあなたにだけに拓かれた道である――へと導き、新たに見えてきた道程を強調するためにその他の道程を切り離してくるからであろう。つまり、ラカンが体現していたのはまさに精神分析家の営為そのものなのである。

　ここではラカンの性格を説明することもなければ、その謎を解く鍵を探すこともない。期待するようなバラのつぼみ *Rosebut*[*2] は見当たらないのである。それが可能かどうか試みることさえしなかった。ラカンの人柄に魅惑されることがなくなったいま、彼の著作が文学から文芸批評、社会学まで多くの文化領域の関心を引いているのは明らかである。しかし、この著作で示したいのは、喫緊の諸問題を貫くひとつの糸――これについては議論の余地はあるかもしれないが――をたどりつつ、まず何よりも精神分析という特権的な場こそが、フロイト以降ラカンが自ら絶えず問い直してきた問題、つまりフロイトがうまく規定できなかった問題を引き受け返答した場なのだということである。

一九六六年の『エクリ』出版の際、ラカンはピエール・デクスに「私はフロイト読解をおこなう者です」[*3]と述べた。これはでまかせではない。ラカンが分析家たちをフロイトの忘却されたテクストへと回帰するように導いたのも、当時の研究者たちの多くが、フロイトのテクストを発展させたと主張しながら、実はそれを放棄していたからである。こうした研究者は、フロイトを忘れることで、精神分析家が実践の中で無自覚的に関与している事象を遠のけてしまった。フロイトが夢や無意識の形成物――日常生活に垣間見られる無意識的なつまずき、つまり言い間違え、忘却、失策行為など――を読み解いていたように、ラカンはフロイト読解を通じて、精神分析の創始者の不透明で謎深き欲望――しかも最初からフロイトの欲望の何かが伝達されないままに留まっているのだが――について問い掛けてきた。しかし、上記のフロイト読解に留まらず、さらにラカンは戦後世代のために精神分析を再創出した。今日精神分析を実践する場合、ラカンの著作を読むのを避けることはできても、ラカンなしで済ますことはほぼ不可能なのである。

精神分析とは何であり、その力の諸原理とは何であるのだろうか。まさにこれこそラカンが自らの教育活動すべてをかけて探究した問題であろう。精神分析は大昔からあった暗示や魔術的思考あるいはシャーマニズムが変容した精神療法なのだろうか。分析家という存在は、治療師と同じ場所を占めるのか、それとも近代科学以前の医者と同じ場所、古代の哲学者の場所を繰り返すのだろうか。そうではなく、精神分析は近代の文化的激動に、とりわけ科学の出現に結ばれた前例のない発明なのである。これはラカンのテーゼでもあるが、現代科学の知の領域に精神分析の場所を見出すこと――それはラカンが試みたことである――は、その実践と方向性において重要である。そこで、問題は科学における精神分析の位置をどのように定めるのかということになる。

　精神分析はつねに抵抗に出会うのだが、その抵抗が内部で抱える困難に由来することもある。精神分析はこのような抵抗を引き起こさずにはおかないのである。まさにフロイト自身が二〇年代に抵抗に直面した。それにより初期の理論的言述の再定義を余儀なくされた。五〇年代アメリカ産の精神分析が成功して、それが普及したことによっても同様の結果が生まれ、ラカンの教育活動という「前代未聞のもの」によってようやく精神分析の経験がふたたび開かれた。このように精神分析は言葉とともに再創出されねばならないが、それは精神分析が実践される各々の時代の歴史的課題を通してである。ゆえに「自分の視野にその時代の主観性〔時代精神〕を結合できぬ者」[*4]は精神分析を実践することを諦めねばならない。これが未来の精神分析家に宛てられたラカンの提言である。

現代社会では、即効的な効果がますます文化的に要請されている。それは精神分析の課題でもあるのだが、精神分析の真の課題は「どのように治すのか」には要約されない。そうは言っても、治癒はラカンが晩年に問い掛けていた問題からわかるように、[*5] 副次的な問題であるわけでもない。

ラカンは多くの学説や学問領域に言及して――ラカンはそこから数多くの概念を借用している――、他領域に大きな変化をもたらすことも少なくなかったため、精神分析家ではない人々もラカンに興味を抱いている。ここでは、〔精神分析によって大きく変容された〕諸概念をたどりながら、ラカンに接近するための道を拓きたいと思う。他領域から借用した概念は、ラカンの考え方の変遷に従って、定期的に修正され改変され続けたが、その歩みはひとつの精神分析の流れとなっているように思われる。

このテクストを熱心に再読したギィ・レーレスとリシャール・ズレーエンに感謝したい。両氏にはとりわけ有益なご指示やご指摘をいただいた。また、原稿の校正をしたクララ・キュンデュにも謝意を表したい。

第一章

道しるべ

アラン・ヴァニエ教授

一九五三年　パリ精神分析協会との断絶と新概念の導入

一九五三年はフランス精神分析運動史とジャック・ラカンの教育活動にとって決定的な年であった。

パリ精神分析協会（Société Psychanalytique de Paris：SPP）は一九二六年、ルネ・ラフォルグ、マリー・ボナパルト、エドゥアール・ピション、ルドルフ・レーヴェンシュタイン（後にラカンの分析家となる）、ウジェニー・ソコルニカらによって設立された。この協会は国際精神分析協会（International Psychoanalytical Association：IPA）――一九一〇年のニュルンベルグ大会の際にフロイトとフェレンツィによって設立された――に加盟しているフランス唯一の精神分析の協会であったのだが、精神分析家養成研究所《プラティスィエン》の創設に関して、会員内部で対立していたのである。

この対立がもたらしたのは、一九五三年六月一六日における、ダニエル・ラガーシュ、ジュリエット・ファヴェ＝ブートニエ、フランソワーズ・ドルト、ブランシュ・ルヴェルション＝ジューヴのパリ精神分析協会（SPP）からの脱会である。当時の協会会長であったジャック・ラカン（一九三四年より会員）は彼らとともに行動した。脱会した人々は、それとは知らずに、国際精神分析協会（IPA）の外に身を置くことになった。そうして彼らは精神分析フランス協会（Société

Française de Psychanalyse：SFP）を設立する。パリ精神分析協会（SPP）にとどまった主だった者はマリー・ボナパルト、モーリス・ブーヴェ、サシャ・ナシュトである。この最初の分裂は最後の分裂とはならなかった[*6]。

　ラカンはすでに論文を多数著しており、その中で「鏡像段階論[*7]」のような新しい諸概念を導入していたが、一九五三年夏に彼が提案したものは、その時代の精神分析を壊乱し、ラカン独自の精神分析の進展とその後の研究への道を切り拓いていく。

　ここでは二つのテクストが決定的である。まずは一九五三年七月八日に新しい協会で行われた「象徴界、想像界、現実界」と題された講演であり、次いで一九五三年九月のローマ会議での「精神分析における言葉《パロール》と言語活動《ランガージュ》の機能と領野[*8]」という報告である。

象徴界、想像界、現実界

　講演「象徴界、想像界、現実界」でラカンは「人間的な現実の本質的な境域である三つの境域[*9]」、すなわち象徴界、想像界、現実界[*10]を導入する。この三境域がカバーする領野の探究がラカンの計画となる。

　ラカンの研究対象はそれまでは想像界であったと事後的に指摘できる。精神病と鏡像段階論を扱いながらナルシシズムを研究することで、ラカンはこのナルシシズムの領域を少しばかり整理して、自我の審級に或る基礎を与えなおすことを目的としていた。当時の分析的思考の中では自我には特有な意味と場所が与えられていたのである。[*11]

ラカンはこの三境域を駆使することで、フロイトが導入した局所論における三つの諸審級[*12]をより正確に位置づけ、大西洋を越えて（アメリカから）もち込まれた逸脱と戦った。この逸脱は、戦後の精神分析が主体の環境への適応と自我の強化を目指す実践を志向することに由来していた。

講演「象徴界、想像界、現実界」で強調されたのは、すでにラカンが二年間行っていたセミネールでも目指されていたとおり、フロイトのテクストへの回帰という方法であった。この回帰への意志はまた科学的な学問に比較しうる精神分析というイメージを問題視するものでもあった。[*13]創設者が本質的な発見をなしたあと、それを発展させる研究者たちが相次ぎ、その学問そのものを考察しなおすのにわざわざ創始者の研究は振り返らないものである。現代の物理学者は自らの研究のためにニュートンの著作を再読する必要はない。ラカンは精神分析の世界において通用しているこうした科学主義を批判し、精神分析が構築された知の領野に位置づけられるのかについて最初の疑問を呈したのである。

ラカンは初期のセミネールでフロイトの臨床に関する重要な諸テクスト（例えば狼男）[*14]を対象とした。一九五三年の講演冒頭でも言われているが、この選択は、精神分析において理論と技法はたった一つのもの、同じものであるという主張と軌を一にしている。なぜなら、ラカンによれば、精神分析において理論と実践の間の差異はないのである。つまり、それは一つの実践であり、よりよく言えば一つの方法なのである。したがって、既存の知の中に精神分析を位置づけることは難しい。というのも、そこには一つの理論の実践的応用も見出されなければ、同一事象を再検証可能とする実験的プロトコルも見出されないからである。なぜなら、治療の中で、精神分析はいつも異なった仕方で立ち現れる特殊な偶発事だからである。実験科学でもなく、秘儀伝授されるような実践でもない。精神分析の中には接近できないものがあり、それはそれとして保持すべきだとラカンは主張する。彼の絶え間ない問いかけの一つはこの問題に関連している。もし精神分析が経験と関わるのなら、それは科学がこの用語に与える意味ではなく、このうえもなく根本的でかつ独特な意味においてである。こうして、ラカンは「精神分析とは精神分析家から皆が期待する治療である」と規定するのである。[*15]

この時期、現実界は私たちから逃れる部分として定義される。フロイトもそれに気づいていたものの、それをしっかり把握してもおらず、その射程も推し量ることができなかった。象徴界の導入は他の二つの概念を修正して基礎づけなおした。一九五三年に「パロールにおいてすべてが起こっているこの経験の有効性」[*16]を説明するために力点はこの境域に置かれる。

ラカンは、あらゆる治癒（治療）は何よりもまず第一にパロールの経験であるということが忘れられている際に、とりわけ分析実践において最初に現れる想像界を強調する。主体の捕らわれ、取り違え、様々な満足の仕方に関わるすべては、まずは想像界という境域の中で理解される。ラカンは動物行動学、誇示から闘争に移る動物の行動を参照して、他者に見せつけるための記号（サインン）の働きを示しながら、想像界とは何かを例証した。性は優れてこの境域に属している。ところで、上記の想像的な要素には象徴的な次元があり、この境域において想像的な要素を見定めることが、その要素を分析することを可能にする。なぜなら、想像的なものは分析可能なものとは混同されないからである。この点については、フロイトは夢を用いて明白な事例を提示している。『夢判断』の第六章で説明されているように、夢のイメージが解読されるためには判じ絵として読まれなければならない。もしイメージの価値に気をとられ、それによって捕らわれるままになるのなら、イメージを分析することはできない。象徴的な次元が考慮されねばならないのは、問題となっているのが「ランガージュの構造そのもの」[*17]であるからである。したがって、症状は縛られているがゆえに解放を待っているパロールとして定義される。

このパロールへの参照が不可欠なものとして浮上してくるのは、ラカンが研究を進めていくうちに、様々な袋小路に出会ったことに由来している。なぜなら、のちに見るように、主体と鏡に映った彼のイメージや似姿（同胞）への関係、つまり想像的関係だけがナルシシズム的次元に固有の困難へと導くからである。この捕らわれは、一方かさもなくば他方かという生死に関わる危機的な状況に導く。社会的紐帯がそもそも可能であるためには第三項を必要とする。この存在のおかげで、主体は似姿（同胞）との厳密な鏡像関係から免れることができる。自分自身の像と結ばれようとして溺死したナルシスの神話からも、想像的二者関係モデルの限界がよく示されている。主体を想像的な袋小路から脱出させる媒介の要素、第三の次元、それはパロールとランガージュなのである。パロールは媒介の機能を持ち、この媒介は「向かい合う二人それぞれを変える」[*18]と一九五三年の七月以来ラカンは主張する。しかし、パロールは単に音を発する行為ではない。それはそれを越えて行く何かであり、例えば「贈与されたパロール」[*19]のような「行為」[*20]である。このパロールは「二人の人間のあいだで、似姿（同胞）という幻影に対する根本的な攻撃的関係を超越することを可能にする」[*21]ものであり、さらにこのパロールは「現実そのもの」[*22]の構成要素になるのである。

ローマ講演

今日読むことができるローマ講演[*23]は、『エクリ』に公表されるまでに何度も手直しされた正真正銘の宣言書である。ラカンはそこで自らの教育活動の筋道をつけるためにいくつかの基本的な概念を提出している。フロイトの第一局所論に関連した初期のテクスト、特に『夢判断』、『日常生活の精神病理学』、『機知――その無意識との関係』に力点が置かれている。そして、ラカンが前述の「言語学的な」著作から引き出した教訓とは、フロイトの初期の理論形成の基礎にはパロールとランガージュが存在するというものである。

ローマ講演はラカンから見て逸脱した精神分析への批判で始まる。この時期のラカンのテクストの多くはたいてい論争的であり、「個人が社会環境にいかに適応するか」[*24]だけに焦点をしぼった歪んだ実践を槍玉にあげている。この観点からすると、分析の中でパロールとその機能である象徴化によって、想像的なものは「干からびさせるべきもの」として現れる。

分析家の技量とは、主体の最後の幻影が消尽するまで、主体の確信を宙吊りにすることである。そして、ディスクールにおいてこそ、幻影の解消が区切られなければならない。[*25]

すでに指摘したように、一九五三年頃のラカンの計画は精神分析に一つの科学の地位を与えることであった。このために彼は主として二つの参照を拠り所にするが、それは互いに合流する。この二つとは、二〇世紀の初めにフェルディナン・ド・ソシュールによって提案された構造言語学と一九四九年にラカンが読んだ親族の基本構造に関するクロード・レヴィ=ストロースの人類学の研究である。[*26]

レヴィ=ストロースの説は自然と文化の境界線を構成している近親相姦の禁止という普遍性を持つフロイトの理論に依拠している。この禁止は、族外婚（基準となるグループの外での婚姻）を規定する機能、つまりレヴィ=ストロースが社会の基礎そのものをそこに見る交換の法則を創設する機能を持つ。したがって、象徴的法とは、禁止と循環の様式により、社会的交換を創設するものである。ランガージュの秩序はこの〈法〉を含んでいて、それを代表している。一人の男性にとって、女性の集合は禁じられた女性と許された女性に分けられる。この分割は母、姉妹、妻などを集合内で区別するラングに属している。このことはラカンに人間の法はランガージュの法であると主張することを可能にする。しかし、どこから法は到来するのだろうか。誰がそれを伝達するのだろうか。

ラカンによれば、法は一人の「父」から到来する。そして、ラカンが示そうとしたのも、フロイトの著作は、その著作全体を貫く問い――「父とは何か」――に対して解答を与える試み、として読まれうるということであった。

フロイトが提示した最初の父親像は、たしかに誘惑者としての父親像であった。次いで、幻想とエディプス・コンプレックスへと父親像が移動して、ようやく精神分析が誕生する。『トーテムとタブー』、『集団心理学と自我の分析』、『人間モーセと一神教』まで、この問題が延々と繰り返される[*27]。なぜなら、近親相姦の禁止という基本的な法は一人の父によって伝達され、彼は法を自分の父から受け継ぎ、その父はまた自分の父から受け継ぐといったように、それは以下同様に繰り返されるからである。「象徴的な機能の支えを認めるべきなのは、**父の名**においてであり、これが歴史的時間の開始以来、父親像を法の形象と同じものとするのである[*28]」。

「父性機能」というこの象徴的次元は、主体が自分の父親と生きる現実的関係と想像的関係を越えてつねに存在している。したがって、パロールとランガージュは〔伝達内容としての〕情報を越えていく機能を持つのである。

ラカンはローマの講演以降、精神分析に関する経験がもつ〔情報の彼岸という〕次元[*29]と、そこでの知のあり方を強調したことに注意しよう。フロイトはどのような分析も先入観なしに、つまり既成の知を考慮せずに、開始されるべきであると強調していた。この講演の序論においてラカンは、このフロイトの「プロメテウス的[*30]」発見について触れつつ、そのような発見は「フロイトの学派で養成された分析家たちがそれぞれ不十分ながら行っている分析経験においても、示されていないわけではない[*31]」と指摘する。

したがって、象徴的秩序とともに、パロールとランガージュが前面に押し出され、それにより、ラカンは精神分析の逸脱を批判していく。この逸脱においては、想像的なものが強調される。〔この見解においてはそもそも〕心理的発達の進展によって、主体は対象と適合した関係へと導かれると見なされており、ゆえにこの逸脱した分析は、主体の歴史における特定の段階への固着を修正し、この固着を既に乗り越えられているべきものとして正していくことになる。この逸脱においては、逆転移が強調されるため[*32]、分析家と分析主体は対称的な立場にあるという見解も含まれている。これにより、分析的関係は双数的で対称的であるという概念が導き出される。その結果、分析家という人物は、治療の終わりに患者が同一化すべき強い自我――それは治療の原器と見なされる理想化された姿形である――の体現者となってしまうのである。

ラカンにとって、この錯誤は「分析家に生じるパロールという基礎を放棄したい誘惑」[*33]に起因している。そのような「理論」が奨励する治療に関する技法のあり方について、ラカンはローマ講演の序論で「儀式にまで進んだ形式主義」[*34][*35]と批判する。こうしてラカンは精神分析の形式主義と宗教的儀式を関連づけ、これにより、精神分析の根幹として強調されるべき父性機能の地位についての問題、さらには、分析の終結における父性機能の運命についての問題――つまり、どのように父性機能と「うまくやっていく」のか――を明らかにしていく。というのも、こうした形式主義的な臨床方針は、人間関係を客観化して、行動パターンの探求を目指すことで、無意識、性、主体といった基本的な諸概念の「消失」という犠牲を伴うからである。

そうした消失を伴う臨床方針にラカンはパロールを対置する。なぜなら、パロールとは返答を呼び寄せるのであり、大文字の他者がなければパロールは存在しないからである。私たちは母語を幼児にとっての最初の他者である大文字の他者から受け継ぐのだが、ラカンはこの明白な事実に新しい射程を与え、大文字の他者を基にして私たちは話すことができ、その場において私たちが構成されることを強調し、「主体の無意識［は］他者のディスクールである」[*36]と主張してくる。ローマ講演には無意識に関していくつもの定義があるが、特に以下のものを取り上げよう。

無意識は具体的なディスクールのかたまりなのであるが、それそのものとしては個人を越えたもの〔世代をまたぐもの〕であり、主体が自らの意識的なディスクールの連続性を確保するために、意のままに用いることはできないのである。[*37]

それは「検閲された章[*38]」であるとラカンはつけ加える。その場所は「空白によって印づけられているか、嘘によって占有されている[*39]」。検閲されているのであって、消されているのではない。つまり、移動され偽装されているのである。それはふたたび見出されうる。というのも、それは他の場所に書き込まれているだけだからである。例えば、強迫神経症者においては行動の中に、ヒステリー者では直接身体に書き込まれ、さらには、隠蔽記憶の中に、語彙の選択や固有の文体、性格といった主体を特徴づける諸特徴の中に、また、神話や信仰の中にも書き込まれている。そこで、このパースペクティヴにおいては、分析家の仕事は過去から別の歴史を出現させることである。過去の諸事実は確定的で変わらないにしても、諸事実の歴史、読解、意味は改編することができる。まさに歴史学で起こっていることと同じである。すなわち、諸事実はとどまるが、諸事実に対する評価を変え、パースペクティヴを変容させ、諸事実が報告されている語を変化させ、諸事実が持っている意味を変える。こうした変化は大文字の歴史の時間の流れにそって行われ、この流れの中で「私」は諸事実の変容を考察する。分析家は症状というランガージュの解読者となるのである。

ランガージュは情報を目的としておらず、主体の無意識は大文字の他者のディスクールであると定めたあと、ラカンはまた別の定式――これを自分の聴衆の一人（おそらくクロード・レヴィ＝ストロース）から受け継いだと述べている――を提出する。すなわち、人間のランガージュは「話し手は聞き手から自分のメッセージを逆転した形で受け取る」[*40]コミュニケーションを設立する、というものである。

〔無意識の〕主体は、ラカンによれば、何よりもまず承認の欲望である欲望から活気づけられる。[*41]この欲望は大文字の他者の欲望のうちにその意味を見出す。なぜなら、その欲望が目指すのはまさにこの大文字の他者に承認されることだからである。根本的に疎外されたこの欲望は、個人の欲望ではなく、「その」分割された部分であり、個人はそれと一緒になろうとするが全体をなすことはできない。これが〔無意識の〕主体である。

それではランガージュとは何であろうか。先に触れたとおり、ラカンにとってランガージュは人間を形成する機能を有するが、ランガージュが象徴化する限りで、ランガージュは死の次元をもつ。語は事物の殺害である。すなわち、語が存在するためには物は消えなければならないということである。物は名づけられた途端、もはや存在しなくなる。ラカンは分析とは主体を「彼の欲望のランガージュへ」[*42]と導入することであると言い、分析は症状の解除の効果をもつと期待されているが、そういう分析である〔象徴化の〕過程において、行為における精神分析家の責任は最大のものである。つまり、主体の承認は分析家の位置によるのである。

したがって、ラカンは精神分析の根本的な用語を磨き上げ、手直しし、進展させるために、絶えず回帰するが、そうした用語は彼の教育活動の最初からしかるべき場所にあるのである。ゆえに、ラカンのテクストには十分時間をかけることが必要となる。つづく各章においては、諸概念の研究を追い、それらの生成と変容を含む道程を手短に辿っていく。おそらく精神分析においては、この方法は厳密な定義の提示よりもはるかに重要である。またこのことは、ラカンの著作の動向そのものが示しているように、彼以前にもフロイトの著作の動向が示している。

伝記的要素と初期の仕事

ラカンの心理学的な伝記を提案することは、精神分析そのものとほぼ矛盾しているように思われるので、重要ではない。しかしながら、伝記的ないくつかの要素によって、ラカンの研究の初期の方向性を示すことは大切である。

ジャック=マリー・エミール・ラカンは一九〇一年四月一三日にパリに生まれる。父親のアルフレッド・ラカンはオルレアンの食酢醸造業の名家、デソー家の出身である。母親のエミリー・ボードリーは、「キリスト教の理想によって住まわれた」厳粛な女性であった。[*43] ラカンの子ども時代は父方の祖父であるエミールの面影によって支配されていたように思われる。彼は威圧的な人物であり、のちに自分の息子と仲たがいする。ジャックはアルフレッド・ラカンとエミリー・ボードリーの最初の子どもである。一九〇二年には二歳で死んでしまう男の子が生まれる。一九〇三年にマドレーヌが、つづいて一九〇七年にマルク=マリーが生まれる。このラカンの弟は一九二九年にオートコンブ大修道院でベネディクト会に入るときにマルク=フランソワという名を選択する。妹のマドレーヌは遠い親類と結婚し、長い年月をインドシナで生活することになる。

ジャック・ラカンはパリのスタニスラス中学で優秀な成績を修めている。思春期以来、彼は哲学

デソー社の酢

とりわけスピノザに夢中になっており、自分の部屋には『エチカ』の図面が貼られていたと言われている。とても早くから、彼はアドリエンヌ・モニエ書店に通い、そこでアンドレ・ブルトンとフィリップ・スーポーに出会う。そして、彼はジェイムズ・ジョイスの『ユリシーズ』の最初の講読に参加する。ラカンはフロイトに興味をもっていたが、シャルル・モーラスの思想にも心を動かされてい

た。つまり、彼は政治の道と医学のあいだで迷ったようであったが、迷った末に最終的には医学を選んだ。

第一次世界大戦直後につづくこの時期は、フランスにフロイトの思想が普及し始めた時期でもある。この国ではフロイトの思想は他国に比べてなかなか定着しなかった。フロイトの研究はフランスでは精神医学の道からだけではなく、シュールレアリストたちや文学界からも導入された。[*44]

ラカンは神経学と精神医学を専攻し、のちに精神異常者が収容される警視庁特殊医務院のインターンとなる。そこはガエタン・ガティアン・ド・クレランボーが指揮管理しており、ラカンは彼について「精神医学の唯一の師」と語ることになるが、仲はよくなかった。つづいて彼はサン・タンヌ病院のアンリ・クロードが指揮管理する精神疾患講座で臨床教育指導医をしていた。ルネ・ラフォルグ、アンジェロ・エスナール、ウジェニー・ソコルニカなどが含まれるフランスの第一世代の精神分析家たちが受け入れられたのはそこであった。

ラカンはまたパリ高等研究院で、フランスにヘーゲルを紹介した哲学者アレクサンドル・コジェーヴのセミネールを受講している。彼はそこでとりわけレイモン・アロンやレイモン・クノー、モーリス・メルロ＝ポンティ、そしてジョルジュ・バタイユと交際する。ラカンは科学史に関するアレクサンドル・コイレの研究にも参加していた。

この頃に、ラカンは精神医学の問題と同様に神経学の問題も取り扱ったいくつかの発表を行い、様々な論文も公表している。[45] 例えば、一九三一年のクロードとミゴーとの共著「同時性精神錯乱」についての論文がある。同年にはレヴィ＝ヴァランシとミゴーとの共作である「《吹き込まれた》手記——スキゾグラフィー」と題された論文がある。この論文ならびに雑誌『ミノトール』に掲載された二つの論文は、再版された一九七五年のジャック・ラカンの博士論文の中にある付属文書に「パラノイアに関する最初の手記」という見出しのもとに収録されている。

翌年の一九三二年に、ラカンはこの医学博士論文『人格との関係からみたパラノイア性精神病』[46]の公開口述審査を受ける。この論文は大いに成功を収め、ジャネだけではなくシュールレアリストの興味も駆り立て、シュールレアリストたちとラカンは親交を結ぶことになる。ラカンの博士論文は一つの専門的な研究である症例エメを巡って構築されている。ラカンはエメのために新しい疾病カテゴリーである自罰パラノイアを設けた。資料でよく裏付けられた論文の第一部は当時の精神医学的な諸理論の状況を検討している。彼はそこで精神病研究の代表的な潮流、つまり器質的な因果関係の支持者と精神発生的な概念の支持者双方の相異なる動向を精査している。しかしながら、双方の支持者に共通するのは、妄想には原因があるという考えに理論を収斂させるところである。ラカンにとって、パラノイアの理由が探求されなければならないのは、原因の向こう側においてであった。彼はこの論文の中に「人格」という概念を導入し、いわゆる症例エメに関してそれを例証する。エメの歴史と文書は正確に分析されている。ラカンはサン・タンヌ病院でエメを診察した。彼女は有名な女優をナイフで刺そうとした後に病院に収容されていたのである。彼女は「迫害的な」思考をもっており、知的な野心に駆られて収容前に二つの小説を執筆し、手紙等の多くのテクストを書いていた。そうしたものをラカンは綿密に検討することになる。このラカンの進め方を「或るテクストを注釈することは分析を行うようなものです[*47]」という彼の後日談に近づけることができるかもしれない。

ラカンは個人と社会的なものの間の諸関係に、それらが生み出す動的な繋がりに興味をもっていた。そして、彼は『フランス精神分析雑誌』のために一九三二年に翻訳した「嫉妬、パラノイア、同性愛における二、三の神経症的機制について」と題された論文を拠り所としながらフロイトの理論に訴えるのである。

一九三三年、ラカンはシュルレアリスムの雑誌『ミノトール』に「パラノイア性犯罪の動機——パパン姉妹の犯罪」という論文を公表する。この論文は有産階級の夫人が二人の女中によって殺された事件に関するものであり、その事件は当時のコラムに話題を提供し、ジャン・ジュネに『女中たち』を書くための着想を与える事件であった。ラカンはパラノイアの観点、ここでは二人組精神病 folie à deux[*48] の観点からこの犯罪を調べた。

結論としては、フロイトはヒステリー者たちとともに精神分析を考え出したが、ラカンはナルシシズムの研究とともに精神病という間接的な方法で精神分析に入ったのである。

第二章

想像界

1 サン・タンヌ病院マニャン棟。2 サン・タンヌ病院A棟

ラカンは一九三六年にマリエンバートで開催された国際精神分析協会（International Psychoanalytical Association：IPA）の第一四回大会で「鏡像段階論」と題された発表を行う。時間がおしていたのだろう。会議の進行役を務めていたアーネスト・ジョーンズは〔ラカンが話し始めて〕一〇分が経過したところで発表を遮った。このときのテクストはほとんど何も残っていない。しかしながら、その大会の少し前にラカンがパリ精神分析協会で同じテーマについて発表したため、フランソワーズ・ドルトが取ったメモだけが残っている。「鏡像段階論」がもたらした本質的な部分は、大戦前にラカンが公表した精神分析に関する最初の重要な論考のうちに見て取れる。この論文は家族に関するものであり、アンリ・ワロンの要請にもとづいて執筆され、アナトール・ド・モンジ監修『フランス百科事典』第八巻の「精神生活」の項目に見出される。その構成としては、序論「家族制度」、第一章「複合（コンプレックス）」、第二章「家族複合の病理」となっている。[*49]

鏡像段階論でラカンはナルシシズム概念を明らかにしようとした。これにより後にラカンはフロイトの第二局所論[*50]の諸審級を位置づけ直すことになる。ラカンは幾度となく「鏡像段階論」[*51]に立ち戻る。とりわけ想像界-象徴界-現実界の三つ組を導入する際に――これら三つの境域に鏡像段階を連接することが重要である際に――立ち戻るのである。教育活動を開始した一九五三年には、ラカンはあるシェーマ（図式）を提案して、その後しばしば参照するが、この図式が鏡像段階の「一般化された形態[*52]」を構成すると述べている。

ナルシシズムについてラカンが強調するのは、人格と社会環境の関係、主体とその環境の関係に興味があるからである。問題となっているのは、小文字の他者とのちに呼ばれる似姿（同胞）への関係を探求することであり、そして、主体が像（イメージ）に魅惑されること、つまりは像に捕らえられてしまう主体の能力を問うことである。

ラカンは鏡に向かった乳幼児の行動の観察を用いる。観察とは科学的心理学の開始以来実践されてきたものである。この研究は、多くの場合、人間の知能と知的なサルの知能の質的な違いを見定めるために、乳幼児の行動と霊長類の行動とを比較することを目的としていた。それを実践した最初の人はダーウィンであり、彼は息子のドディ〔ダーウィンの長男ウィリアムの愛称〕を観察し、特異な行動を見出すのである。ラカンはこの経験に興味をもっている著者たちを参照する。つまり、最初の科学的心理学者と見なされているボールドウィン、ウォルフガング・ケーラー、シャルロッテ・ビューラー、アンリ・ワロンなどである。ラカンの本来の関心は人間をサルから区別するものを調べることではない。人間とその像および似姿（同胞）との関係が創り出される模範的で範列的な時期を鏡像段階として規定することである。

ラカンによれば、この鏡への関係は生後六カ月から起こりうる。しかし、この関係は通時的な見地からすぐに離れていき、鏡像段階の発達的な見方とは異なる構造的な次元が強調される。

この年齢において、乳幼児は「ごくわずかな間ではあるものの、いまだにチンパンジーに道具的知能では劣っているが、すでにそのようなものとして鏡の中に自分の像を認めるのである」[*53]。この認識は身ぶり手ぶり、はしゃいだ振る舞い、歓喜によって表明される。ところで、この時期は、子どもはまだ未成熟であり、その神経生理学的な発達が完全には成し遂げられていない時期にあたる。ラカンによると、そこで生じているのは同一化、つまり「主体が像を引き受けるときに生じる主体における変化[*54]」であり、『家族複合』においてイマーゴという用語で指し示されていたものである。

別の機会に、ラカンはこの像を主体に授けるためには第三項・名指すものが必要であるとつけ加える。つまり、のちに見るように、主体が同一化を引き受けるためには、象徴的な媒介物が必要だということである。ところで、主体がそこで出会うものとはゲシュタルト、形態、身体の全体的形態であり、このゲシュタルトこそ、主体がまだ〔小文字の〕他者に依存しているときに、統一性と制御の感覚を主体にもたらすのである。ここにおいて一次的ナルシシズムが動き始める。主体の自我はそこにみずからの起源を見出すのであり、ゆえに自我とは鏡の作用により生み出される様々な同一化のまとまりによって構成されるのである。ラカンは人格と社会の関係を強調しつつ、パラノイア性精神病に接近していたが、鏡像段階によって、そうしたものを説明するためのモデルを見つけたのである。そこで理論として措定されたものは、パラノイア的認識とラカンが呼ぶもの、自我に固有のものである。パラノイア的認識は嫉妬に支配されており、ラカンはそれを『家族複合』のなかで鏡像段階に相関的な侵入コンプレックスに位置づけ、社会的感情の基礎とした。

> つねに契約であるパロールにおいてこそ、対象というものの根拠をなすこの競合的・競争的な基礎は克服されるのです。*55

こうしてラカンは自我と主体を区別する。つまり、想像的な審級である自我、およびパロールとランガージュに結ばれた象徴的な審級としての主体（「私」という用語がこの時期には使われるが、これは後年には用いられなくなる）である。

同一化は自我を支え、自我を〈小文字の〉他者として規定し、同時に、他者を〈自我にとっての〉アルター・エゴとして位置づけるのである。象徴的な審級、名指す・命名する第三項がのちに導入されるに伴って、三つの境域〈自我、他者、象徴的審級〉の結び目の瞬間として「鏡像段階」を考えなければならない。それゆえ、自我はこの最初の同一化をもとにして〈小文字の〉他者として構成されるのである。この統合され全体化する自我は、先取りとして生じ、主体の時間性そのもののにおける離接を導入する。さらに、フロイトに倣ってラカンはこの像がリビドー的に備給される点を強調している。

理想についての光学的モデル

ラカンはセミネールの初年に光学的シェーマ、つまり鏡像段階の「一般化された形態」を提案した。彼はブアス[*56]の実験から出発する。

この実験は実像を生み出す球面鏡の特性に基礎をおいている。物理学では物体（対象）と像（イメージ）はそれぞれ二つに区別される。すなわち、実物体と仮想物体、実像と虚像である。対象とは光学装置の上に届く諸光線の交わりであり、像とは光学装置から発する諸光線の交わりの点である。そして、上述の四つのものは諸光線が集束し実際に像あるいは物体であるところの点を通過するときに実像あるいは実物体と言われ、この点が諸光線の延長上にあるときに虚像あるいは仮想物体と言われる。この諸光線の延長においては、もし光学装置があいだに置かれなければ、諸光線は一点に集中する。平面鏡によって、実物体は実空間内に位置づけられる。この実物体が虚像を持つようになるのは、鏡の表面に反射した諸光線が仮想空間内に延びていき像として結実するからである。

ブアスは球凹面鏡を使用する。鏡に向いている面を除いて、すべての面が閉じられた箱に逆さまにされた花束（B）が入っている。この箱の上には花瓶（V）があり、観察者は箱の内側を見ることができない。箱の中に隠された花束は反射して、実像（B'）が得られる。この実像が直接的に観察されるには、いくつかの条件が満たされなければならない。まず、調節媒体の存在が必要であ

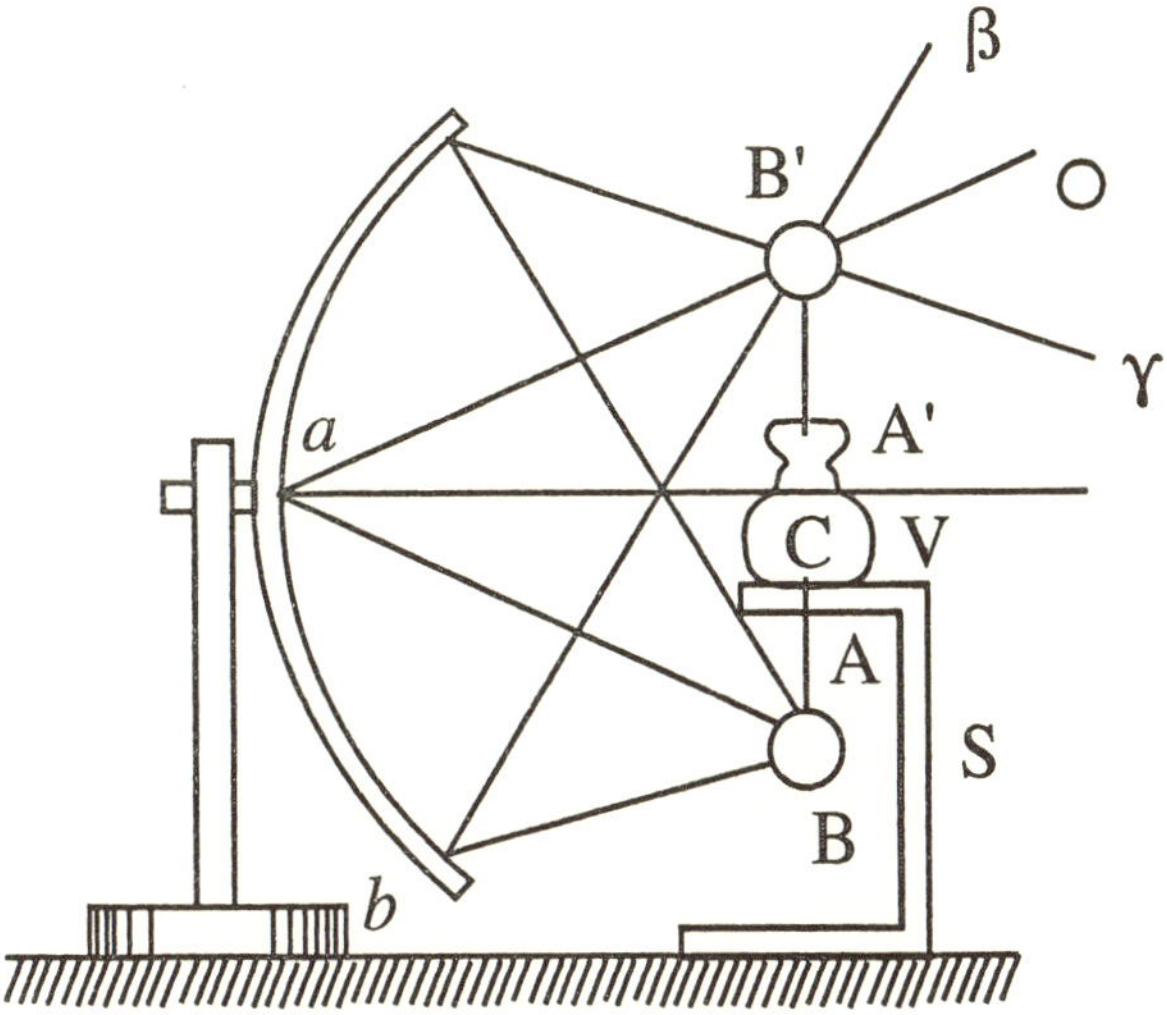

光学的シェーマ１（ブアス）[*58]

る[*57]。ところで、眼は両凸レンズ（水晶体）とスクリーン（網膜）の協同として考えることができる。スクリーンがこの像を受け取ることができるように眼が的確な点で調整されるという条件で、スクリーンでは錯視が観察される。すなわち、この実験において花瓶は調節媒体の役割を果たしているのである。眼はこの対象の上に調整されなければならない。鏡の曲面と対象の位置の諸条件については省くが、観察者の眼がまさに円錐β-B'-γの中に位置しなければならないという条件には注目しておこう。その場合、錯視は観察者がこの装置から遠ざかるほどいっそううまく作用するのである。

ラカンはこの実験を修正する際、まず手始めに花瓶と花束を転置する（光学的シェーマ２）。花束は可視化されて現実の対象となる。こうし

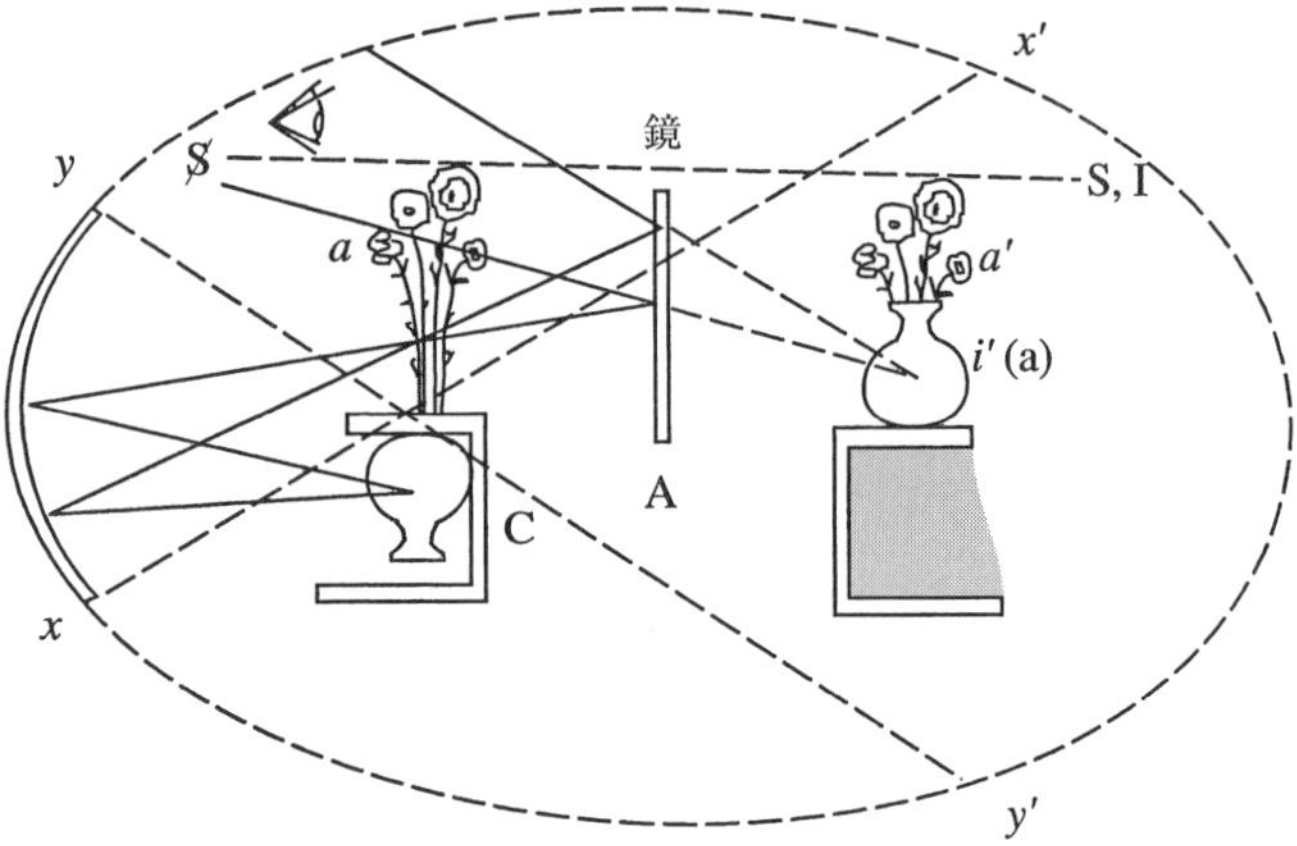

光学的シェーマ2*[59]

て、今度は花瓶が箱の中に隠され、この同じ花瓶が反射によって実像を構成するのである。また、ラカンはこの装置に平面鏡を導入する。

平面鏡を中心にして、この楕円右側全体は仮想空間であり、この平面鏡に映し出される空間である。こうした平面鏡を導入するという設定によって得られる効果は、観察者の眼を移動させることである。つまり、観察者の眼は点（S、I）ではなく――図に描かれているように――対称的な場所（$）に位置づけられる。この眼は平面鏡の中に錯視を観察することになる。この平面鏡の導入により、錯視が完成される。なぜなら、平面鏡があいだに置かれることで遠隔化の効果が得られ、観察可能なすべての対象に像の地位が与えられるからである。

光学的シェーマ1は、鏡像段階より前の時間に、鏡像がすでに-そこにあることを示す「鏡像的」時間を表現していると言える。そもそも観察が可能になるには、すでに観察する行為（そこにあるもの）の内部に主体の位置が必要であり、これもこのシェーマのうちに読み取れる。すなわち、まず何らかの見定めがなされる必要があり、その中で錯視が生み出され、鏡像段階が生起するのである。光学的シェーマ1は、一次的ナルシシズムの状態にある主体に初めて外部と内部の分裂が生起する状況を表現しており、花瓶は身体の外皮を、花束は自我の諸対象を表している。

平面鏡を導入すると、主体が見ているところに容れ物が出現するようになる。これは平面鏡の仮想空間に実物体の実像の虚像として出現するのである。これが花瓶である。それに対して、自我の諸対象は平面鏡の仮想空間内に実物体の虚像として出現する。これが花束である。錯視が直ちに示すことは、自我の諸対象と身体像のあいだの異質性である。この装置では、身体の現実的なものを表している花瓶は箱の中に置かれ、身体の現実的なものは直接的には眼差しに触れないことに注意しよう。ラカンにとって、主体は自らの身体という現実的なものにはほとんど接近できないのである。

眼が占める場所（S）は、平面鏡（A）が置かれなければ、眼が占めていたであろう場所とは対称的な場所である。眼は「花束の真ん中」に位置づけられる。花束（a）は自我の諸対象、より正確にいえば、「私の」身体の断片を表している。身体の断片は「私」がまだいくつもの断片の纏まりや「私の」身体への帰属を把握することができなかったとしても、例えば「私の」視野を通過している。ここで思い起こさなければならないのは、ラカンによれば、部分対象[*60]は子どもには自分に帰属している対象として体験されている。それゆえ、子どもを母乳で育てる際、切断は大文字の他者（母）の身体と乳房のあいだに生じる。この対象〔乳房〕は鏡には現れず、鏡のなかのその対象の場所には口が作る穴が存在することになる。

神経学的に未成熟なこの時期において、身体像は「性急な」ものとしてある。というのも、身体像は断片化され、分離されていたものを一つの形式的な統合の中に含み込み、組み入れ、全体化するからである。身体像はまたそれが発達を先取りするという意味で性急なものである。この性急さは、身体像が主体を捕らえてしまう作用、すなわち鏡を前にした子どもの歓喜の混じった魅惑（それは享楽である）にとりわけ見て取れる。上述した「すでに-そこ」とは、眼がシェーマ空間内部で自らを見定めることを可能にする座標であり、それは「象徴的なもの」として規定できる。つまり、象徴的なものというすでに-そこにあるものである[*61]。しかし、何かがこの同一化の中で子どもを保証することが必要である。このさらなる媒介物をラカンは平面鏡（A）によって表現する。すなわち大文字の他者である[*62]。このようにして、鏡像段階における母あるいは少なくとも母性的人物という必要不可欠な存在は再解釈される。子どもは、鏡に向かって自分を抱えている人の眼差しの中に承認のしるしを読み取るために、その人物にすがるのである。この母とは愛のあかしとして受け取られる贈り物をする場であり、滋養する対象〔乳房、食物〕やパロールを贈り物として差し出す。この承認のしるしによって、すなわち名指しによって（これは母によって発せられ、母と子の各々の場所が指し示される）平面鏡の後ろに位置づけられた仮想空間が――それは想像的であるが――象徴的なものに従属し決定されたものとして出現するのである。

　したがって、ラカンが提案した平面鏡導入という設定はよりよく理解される。錯視が機能するために、眼は大文字の他者に応じて自らの場所を見出す。つまり、大文字の他者のうちにある一つの目印（I）に応じて、眼にはその場所が割り当てられる。この点は、すでに明確にされた円錐の内部、大文字の他者の仮想空間内に見出される。よって、自らの像を獲得するためには、主体は大文字の他者の領野に属している一点に合わせて自己調整する必要がある。このことは見る voir と眼差す regarder の分離を導入する。というのも「主体が自分の姿を見る場所、すなわちこのシェーマにおいて示されている自分自身の身体の反転された実像が作り上げられる場所、それは主体がそこから自分に眼差しを向ける場所ではない[*63]」からである。主体はこの場所、Sという虚（仮想）の主体の場所から自分に眼差しを向けるのである。その場所には自我理想の母体[*64]である一なる印[*65]、つまりIがある。主体は大文字の他者において選ばれた理想的なこの点、愛されることができるものとして自分を見れるこの点から、自分に眼差しを向けるのである。というのも、眼差しはつねに誰かもしくは何かに関係し、皆そうしたものによって眼差しを向けられているからである。

　主体が監視されていると感じる特定の妄想において生じるのは、受動的な形式へのこうした反転である。眼差しはつねに象徴的に規定されている。同様に、誕生以前から主体は確かに話されており、彼に関するディスクールに結ばれたシニフィアン（固有名、家系の諸特徴など）は多かれ少なかれ構成されている。話す以前に主体は何よりもまず話されているのである。

ラカンは見ることと眼差しを向けることの区別を強調するために絵画を参照する。彼は次のように述べる。

> 視欲動の領野においては、眼差しは外部にあります。私は眼差しを向けられており、つまり私は絵画となっているのです。
>
> これこそが見えるものの中での主体の設立の奥底にある機能です。見えるものの中で私を根源的に決定づけるもの、それは外部にある眼差しです。[66]

この区別は動物においても見出されるが、その場合は象徴的なものは介入していない。区別もしくは分離は「死への闘争におけるのと同じように性的結合においても[67]」現れる。「そこで存在はその存在とその見せかけとの間、存在自身と見せるための張り子の虎との間で見事に分解されます。誇示であれ、［……］威嚇であれ、存在は自分自身から仮面、分身、外皮、剥ぎとられた皮膚［……］といったなにものかを生み出します。あるいは他者からそれを受け取ります。存在がその生と死への諸効果へと登場するのは自分自身から分離されたこの形式によってです」[*68]とラカンは語る。動物とは違って人間主体だけがこの想像的な捕捉には完全には囚われないのである。ランガージュのおかげで人間主体は自らを見定めることができるとラカンは強調する。

眼差しの問題は、絵画史の中にも見出され、特に幾世紀もかけて発展した絵画中の空間描写の手法に関わっている。ここでエルヴィン・パノフスキーの研究[*69]を参照しよう。中世絵画では、重要な人物やモチーフの大きさは〔現実空間で人間やモチーフが遠くにあろうと近くにあろうと〕絵画空間内においてはそうしたものの位置とは関係なく描かれる。とりわけブルネレスキ、デューラー、アルベルティの作品による遠近法の導入により、絵画の空間は、現実の鏡として、鑑賞者が位置づけられる空間の写しとして出現する。絵画は現実の一部分であり、「今や思い描かれている空間は実際に描かれている空間をあらゆる方向で越えて拡がっている。それゆえまた、想像された空間は描写された空間のあらゆる側面からはみ出るのである」[*70]。

というのも、遠近法の導入、描写された空間構成内部の消失点――そこですべての平行線が描面に「穴をあけ」ながら収束するように見える――は枠組みにより限界が設けられた絵画を発明し導入せしめ、「空間の無限性と連続性」[*71]に向けられるからである。遠近法とは消失点を持ち、その結果として、鑑賞者を消失点とは対称的な現実空間内の場所に割り当てる。

ラカンが指摘するには、絵の中には欠けている場所、不在がつねに存在しており、この不在は目に見える世界を構成している盲点に結びついている。この点は穴として「機能する」。セミネール一一巻の表紙にある『大使たち』という題名の絵画の中に、ホルバインが頭蓋骨のアナモルフォーズ[*72]を描くのはこの場所なのである。この絵画が鑑賞者を「割り当てる」場所からでは、その物体〔頭蓋骨〕はもつれて見分けられない。それを見るためには、鑑賞者は絵画の描面のうちに身を置かねばならない[*73]。すなわち、それが眼差すところからそれは鑑賞者の立ち位置を決める。したがって、鑑賞者は描かれているすべての物体を見ることはできない。なぜなら、鑑賞者の位置は二つの場所に分割されているからである。その二つの場所とは、アナモルフォーズ化された頭蓋骨を見ることが可能な場所と、絵の残りの部分を見ることができる場所である。

ラカンは眼差しを対象a[*74]と名づけ、それに独特な地位を与えることになる。

以上のことより、大文字の他者が象徴的な媒介物を提供することが要請されるような時間が必然的に存在するのである。この象徴的な媒介物とは「母」の方に振り向く子どもの身振りによって印づけられており、子どもは同意、すなわち承認のしるしを母親の眼差しの中に読み取る。つづいて子どもはすでにそこにあった自分自身の像に振り向くが、すぐにこの媒介物は子どもから逃れる。その像はすでにそこにあったのであり、「その到来がもはや存在しないことにおいてしか把握されていなかったこの存在しか残っていない[*75]」とラカンは記す。その存在は名指し・命名そのものによる存在の消失である。子どもの像と出現を支えているのは、大文字の他者のこのしるしである。そのしるしとは、何かわからないが自分はこの大文字の他者にとって何かを表していると、子どもにそのように意味を通達する大文字の他者の欲望のしるしである。しかし、このしるしはヴェールをかぶったまま謎としてとどまっている。一つの特徴が主体の原初的な場所を覆い隠しにやってくる。その場所は不在もしくは空白として決定された場所であり、のちに自我が住みにやってくる場所である。したがって、主体は、象徴界もしくはシニフィアンの効果によって産出される空白の場所、換言すれば、現実的な穴である。主体は分割されて現れる。それゆえラカンはそれを$\not{S}$と書くのである。自我はこの主体の分割のヴェールなのである。

自我理想と理想自我

鏡Aは動かすことができ、主体は思い通りにそれを動かせる。したがって、主体はIのなかで自らを見定めるのであり、このIはのちに自我理想を構成していくのである。主体は、平面鏡を回転させることで、互いに異なった像を立てつづけに取り集め、理想「自我」というそうした像への同一化を繰り返していく。こうした連続して起こる同一化の総和が自我を構成する。[*76] フロイトは自我をタマネギのような幾層にも重なった皮の寄せ集めに譬えたが、ラカンにとっての自我は根本的に想像的な審級である。フロイトの論文「ナルシシズム入門」[*77]の読解をもとに、ラカンは想像的な審級である理想自我と象徴的な審級である自我理想の区別を提示した。それは光学的シェーマに記載されている。

自我理想の次元はまったく象徴的なものであり、その機能は案内人、つまり主体にとっての指標になることである。それは想像界の向こう側に位置づけられる。この場所が他人との関係を調整して、現実に枠組みを与えているのである。したがって、光学的シェーマが示しているのは、想像界の調節は象徴界によって為されるということであり、この二つの境域は明白な仕方で連結されているということである。自我理想はラカンが指摘した袋小路に出口を見つけることを可能にする。それは、想像的な関係、双数的でナルシシズム的な関係のための出口なのであり、こうした関係は別の次元の介入がなければ、死に至るのであり、排他的な「私か彼か」という語で表現される関係なのである。

ラカンによれば、自我理想は法の命令すべてに関わり、フロイトの主張通り、超自我に近づけるべきである。それは本質的に「荒げた声」である。主体が他者のなかのある点Iを選んで模範とすると、理想自我という幻影があれこれと出現してくる。このように、大文字の他者を操作することは、神経症者が自然発生的な転移において行っていることである。つまり、神経症者は社会のなかで〔理想となる〕同胞（似姿）を見つけて「〔リビドー〕備給する」ことで、つねに同一化の構図を新たなものとするのである。

反対に、理想自我という審級は自我に関連している。理想自我は自我の想像的な起源をなしており、自我理想に形式を提供している。したがって、主体は自らを形式として認めて、想像的な機能へと参入する。この装置は小文字の他者、すなわち同胞（似姿）と人間主体の関係様式をアナロジーとして説明する。この同一化によって、人間は世界とリビドー的かつ想像的な関係を結ぶことができるようになる。このシェーマはまた自己像幻視〔目前に自己自身の像が見える幻覚〕、つまり分身の幻覚の現象を説き明かすことも可能にする。実際、この装置が示しているのは、いかにしてある事物が像を固定するのか、もしくはその事物が欠けていたとしても、いかにして像のみで存立するのかということである。ラカンはエゴが決して単独ではないことを思い出させる。エゴはつねに「理想自我という奇妙な双子」[*78]を含んでいるのである。

このように、自我で明らかになる精神病とナルシシズム的現象の重大性から出発することで、ラカンはナルシシズムを説明するモデルを提案できるようになった。したがって主体と自我は別であり、後者は想像的な審級である。自我は根本的な誤認、不可避の誤認、主体への関係を不透明にする誤認の場所であり、そこからラカンがパラノイア的認識として指し示すものが生じる。鏡像段階は、鏡の疎外を引き起こす像への同一化、また同胞（似姿）への同一化をもとにして、自我の構成を提示しているが、それは子どもにおける多くの転嫁現象が示していることでもある。加えて鏡像段階は、すぐれてナルシシズム的な関係としての愛の機能、さらには攻撃性の機能も理解させてくれる。鏡像段階はまた主体が小文字の他者あるいは世界における無秩序を――その無秩序に自身も関わっていることは誤認しつつ――告発する傾向をも説明する。つまり、このまったく想像的な非難には真理がないわけではない。この非難は欲望の基本的な疎外を指しているのである。後述するように、欲望とはつねに大文字の他者の欲望の欲望なのである。

それゆえ、ラカンは分析実践の歪曲として、自我の強化を目的にするものを取り上げる。そこでは分析の終了時に分析家の強い自我に同一化することがモデルとして提案されている。フロイトの発見が主体における真理の効果の発見〔無意識的真理が開示されることで自我がうける効果の発見〕であるならば、このような実践は誤認の機能の強化にしかつながらない。したがって、ラカンはこの逸脱を修正することに取り組む。象徴界の導入によって、治療はどのような方向に向かうのであろうか。そして、その賭け金は何なのであろうか。[*79]

ラカンにこうした道を拓いた想像界、より正確には鏡像段階は、彼の著作において赤い糸の役目を果たす。ラカンが研究を進めていくにつれ、この概念は異なった形で再び練り上げられ、それによって生み出されるアポリアが探究されていく。このような作業はラカンの研究の本質的な軸をなすのである。[*80]

ここまでの解説では、他の境域が考案される以前の段階、つまり一九五三年以前の想像界の要約にはなっていない。本書の構成上、ラカンが施したいくつかの修正に論及せずにはいられなかった。したがって、次章では他の境域の導入に際して、ラカンが鏡像段階を手直しすることを余儀なくされた地点にまで歩みを戻すことになろう。この導入とは象徴界と現実界に連接された想像界という概念そのものの導入である。

第三章

象徴界

1 リール通り五番地のラカンの診療室。2 その記念プレート

アングロ‐サクソンの国では、ラカンの著作は文芸批評や哲学によって精神分析の外部で広く普及したが、忘れてはならないのはラカンが臨床や実践面での精神分析の重要性に何よりも配慮していたことである。それをここでまた取り上げていくことになるが、端的に言って、ラカンの理論的展開を辿り直すときには、分析療法そのもの、この特異な場所から出発するのが望ましい。こう考えると、ラカンの最初のセミネールがまさしくフロイトの技法論を対象としているのは偶然でなく、またラカンが治療の基準をめぐって国際精神分析協会（International Psychoanalytical Association：IPA）と諍いを起こしたのも偶然ではないのである。フロイト自身は、精神分析のために定めた方法、つまり一時間の面接や毎日の面接などは彼なりの仕方で見出した方法であって、「まったく異なった気質の」[*81]他の分析家は自分とは異なったスタイルを見出すだろうと述べていた。フロイトが強調したのは、あらゆる技法的な規則は実際にはただ一つの「基本的な規則」に帰着するということであった。その規則とは、面接の中では分析主体は頭に浮かんだことを何も省かずにすべて言うということである。「基本的な規則」の補足あるいは裏面には「平等に漂う注意」が対置される。分析家がこの構えを取れるようになるのは、彼自身が分析を受けた結果である。平等に注意を漂わせること（gleichschwebende Aufmerksamkeit）とは、分析家が分析主体の発言のいかなる部分も特別扱いせずに、普通であれば注意が向く事柄（例えば、分析の中での関心事）によって方向づけられないことである。

ラカンにとっては、精神分析に固有な目的とは想像的な次元を解消することである。

　精神分析だけが、愛がつねに解くかあるいは切断するかしなければならない想像的な隷属の結び目を認識しているのである。[*82]

ラカンは最初のセミネールをフロイトの技法論に割いた。彼が興味を持つのは、抵抗、より正確には転移とその操作、つまりは治療のオリエンテーションである。[*83]治療に象徴界の概念を導入することは、分析経験全体がパロールとランガージュの領野で起こること、そして、分析経験がその効果を引き出すのはパロールとランガージュからであることを思い出させる。そうすると、再び次の定式が導かれる。

　分析家の技量とは、主体の最後の幻影が消尽するまで、主体の確信を宙吊りにすることである。そして、ディスクールにおいてこそ、幻影の解消が区切られなければならない。[*84]

二年目のセミネールでラカンが提案したシェーマはガイドとして役立つだろう。[*85]

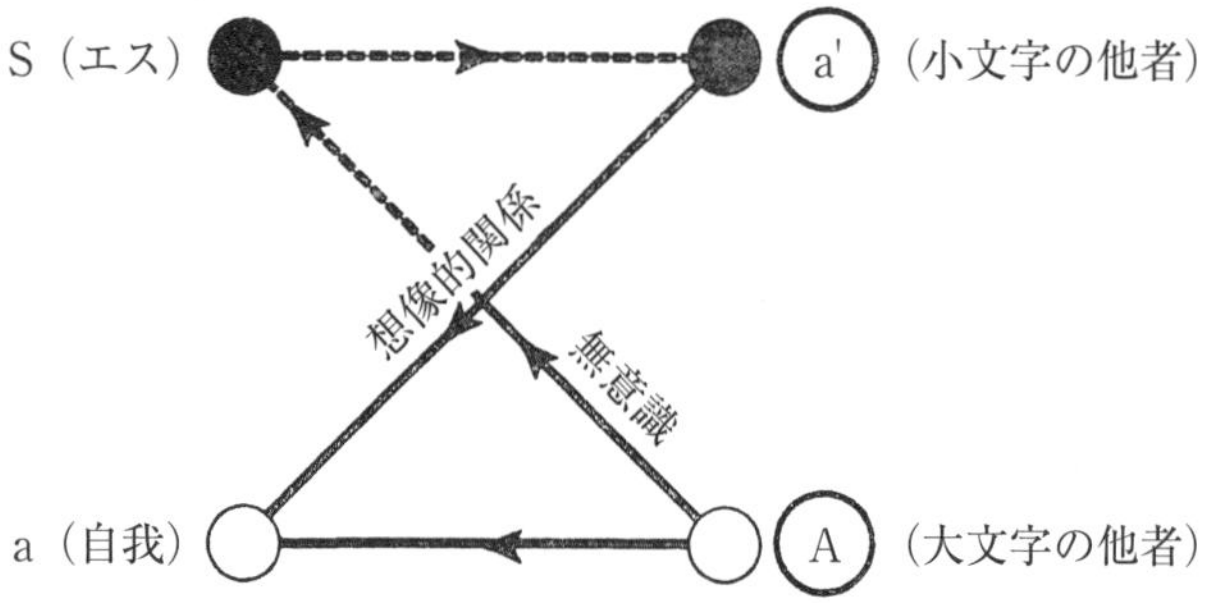

シェーマL

主体

シェーマLを初めて提示したとき、ラカンは主体をSと記したが、それはフロイトが提出した審級であるドイツ語のエスとSが同音異義だったからである。このシェーマはのちに修正され、主体を表すSは主体の分割を示す斜線を引かれることになる。この分割はいくつかの水準で理解されねばならない。第一に、ラカンがこのシェーマを提示した直後に述べているが、主体は全体ではない。この日ラカンは聴衆にたいして次のように語っている。

> もし人々が全体であったら、それぞれの人がてんでばらばらに全体であるということになって、皆が一緒に、いわゆる組織を作ろうとするなどということはないでしょう。[*86][*87]

主体は大文字の他者なしには存在しない。というのも、上述したように、主体が自らの足で立つのは大文字の他者を基礎としているからである。第二に、シェーマLが示唆しているように、主体内部に複数の審級〔エス、自我、無意識、小文字の他者、大文字の他者〕が存在しており、主体は分割されている。主体と自我は異なるのである。主体Sに印されたこの斜線は主体に強いられる裂け目 refente[*88] も示しており、この裂け目は、意識と無意識の分割を超えたところにまで主体の分割を押し進めるが、それは主体が象徴界に関わるというまさにその事実ゆえなのである。つまり、この斜線が示しているのは、〔第三に〕主体はシニフィアンの主体であり、のちに明らかにするように、シニフィアンは「一つ」だけではないということである〔複数のシニフィアンによって分割された主体であるという意味〕。

a−a'の軸は想像的関係の軸である。シェーマLはこの軸を通過せずに大文字の他者との関係をもつことは不可能であることを示している。想像的なものが障害であるにしても、そこを通過するほかないのである。想像的次元から完全に切り離された象徴的関係は存在しない。

このシェーマは「間主観的」と称される。ラカンも当時の風潮にのって、間主観的関係についての論争に応答している。この関係は可能なのだろうか。あるいは主体〔主観〕の他者に対する関係は、例えばサルトルにおけるような眼差しを経由した事物化のように、単なる事物化で終わるのだろうか。この時点でのラカンにとっては、間主観的な関係は存在する。[*89] この主張を提示するのにラカンはデカルトのコギトを修正してくる。

ラカンは自らが「科学の主体」と称する近代的主体の誕生をデカルトのうちに読み込む。精神分析はこの主体に働きかける。ラカンにとって、科学は精神分析の出現の条件として現れる。ところで、近代科学はガリレイとともに生まれるとしても、ラカンはアレクサンドル・コイレ[*90]の考えに忠実に従って、デカルトとともに近代哲学は誕生すると主張する。それはヘーゲルの見解であった。[*91]デカルト的方法の基本的な操作は懐疑である。精神は疑うことで確実性を見出すのである。方法の基礎であるこの懐疑は、コギトで表現される一つの確実性に到達する。[*92]

我思う、ゆえに我あり。

私は思考する一つの実体であること、つまり意識であると知ること、それがデカルトが到達した結論である。[*93]この主体の特質は懐疑によってのみ生み出されることである。ラカンはコギトをフロイトの発見に結びつける。こうして彼はデカルトの定式を書き換える。

「ゆえに我あり」と私は思っている。[*94]

ラカンは、一九六四年～一九六五年の『精神分析のための根本的問題』のセミネールで、この言表行為において生み出された言表の二つの「私（我）」を区別する。そこで強調されるのは、この言表行為が存在の裂け目であるということである。したがって、主体の分割は「印の効果であると同時にその欠如の支えでもある」[*95]ものとして立ち現れる。このことはのちに主体のシニフィアンへの関係に取り組むときに明確にされよう。

しかし、存在者が確実性を抱くだけでは、知覚された事物もしくは考案された事物が存在するということを証明するには不十分である。世界を再構成するために、デカルトは騙す神の虚構、言い換えれば、詐る大文字の他者の虚構を甘受する。[*96]ラカンがデカルトと袂を分かつのはそこであり、大文字の他者が騙し誤らせるというのは〔虚構ではなく〕事実であることをラカンは強調し、この騙す他者を主体として見なすのである。もし私と話をする人が、機械やオウムとは違って、私を騙すためだけに私に話すことができるならば、あるいはもし彼が騙す目的で私に話していると単純に私が想定できるなら、それがまさしく彼に私に対する主観的な次元を与えているものなのである。

ランガージュとパロール

シェーマLを理解するためには、ソシュールによって導入されたランガージュとパロールの区別をさらに修正しなければならない。ソシュールにとって、ランガージュとは能力と同時に機能である。ラングの能力と機能は「〔ランガージュの〕一定部分」[*97]にすぎない。この部分はランガージュの諸事実の中での最初の場所であり、ソシュールはそれを説明するために一つのシェーマを提案する。このシェーマでは横向きの二人の人物が対面しており、自分たちの間の言葉の流れを表している点線によって二人は結ばれている。[*98] したがって、そこにはまた間主観性とコミュニケーションがある。ラングガージュを生み出すためにラングに欠けているのは、ソシュールにとってパロール、つまり明確にはっきり発音された物理的で身体的な発声、個人的な行為である。

ラングは、私たちにしたがえば、ランガージュからパロールを差し引いたものである。[*99]

ラカンにとって、ランガージュとパロールの区別は普遍的なものと特殊なものの区別であり、それはフロイトが出会った最も厄介な問題の一つである。ラカンがランガージュの壁として提示するランガージュがあり、それは様々な対象そのもの、また似姿（同胞）を名指すことを可能にする。誰かに話しかけるときに、その人のうちに「主体」の存在が想定される。私たちが話しかけるのは私たちが知らないこうした主体であるが、私たちは「影法師」にしか達しない。というのも、パロールが他者のうちに「主体」を想定するからである。なぜなら、この他者は私たちを騙すことができるのである。しかし、ランガージュは客観性の次元を参照させる。「私」が出会うのは、ランガージュによって名づけられた対象であり、同時に「私」が話しかけるときにつねに想定されている主体である。ラカンが文字の次元を導入して現実的なものの問題へ進んでいく際に、彼はこの次元を修正し発展させる。

シェーマLの中に鏡像段階を読むためには、幼児にとっての最初の他者である象徴的な母は鏡に向いて主体Sを抱えているAの場所にいると考えられよう。主体はこの鏡の中にある過不足のない（もしくは全身像をもった）他者として自らを見る。この過不足なき全体性は鏡像段階以前の状態とは異なり、主体は大文字の他者との様々な関係の中で強いられた寸断化の状態を脱する。しかし、主体が鏡の中に見るこの過不足なき他者は彼自身ではない。主体はそこから切り離されているのである。そこで、主体は母の方を振り向くのだが、その母は想像的な関係のうちに場所を占める存在、つまり、実際に主体が目にしている母の方を向くのである。そして、この関係のうちに主体はI、つまり一なる印を探す。それは自我理想の雛形となるものであり、「これがあなたよ（tu es ceci）」[*100]と言われる場所である。主体はそこから弁別特徴、すなわち一なる印を引き出す。それによって主体は鏡の方を向きながらこの像を引き受けることができるようになる。[*101]想像的なものが機能するためには、換言すれば、主体が鏡のこの像を引き受けるためには、大文字の他者の場所からやってくるパロールが必要なのである。理想自我のイメージを足しあわせると、想像的な審級としての自我ができあがる。この鏡像との関係は、歓喜と享楽を生み出すと同時に不安をかき立てもする。それというのは、この像は完璧なもの、理想の次元によって印づけられたものとして現れるからである。いわば、母が話すからこそ想像的な関係が設立されるのである。

象徴的な秩序はランガージュの秩序であり、無意識は「ランガージュとして構造化されている」[*102]。これが分析の方向性を決定し、象徴界の優位を強調する。想像界が象徴界に従属しているのは、鏡像段階に関して先ほど言及したように、シニフィアンの優位のためである。人間は何よりもまずランガージュの存在である。エディプス・コンプレックスが明らかにする近親相姦の禁止という中心的な法は、「ランガージュの秩序と同じである」[*103]。エディプスは、父の機能をもとにして、この象徴的秩序を支え、その秩序によって支えられている。ラカンおよび精神分析一般が父の機能に興味を示していることは、西洋社会における現代の「父の機能の衰退」に関係づけるべきである。ラカンは現代における精神分析の逆説的な位置の問題を提起する。ある意味では、一九三八年の段階ですでにラカンが認めていたように、科学が前進した結果としての父の機能の凋落によって精神分析は誕生したわけである。同時に、精神分析がこの機能を保証するということは、この父の機能を特異な場所に置くことになるのだが、これについてはのちほど検討しよう。

シニフィアン

フロイトのテクストに回帰するラカンの方法は、フロイトのテクストを精神分析的な知の総体と見なすことにその本質があるのではない。むしろフロイトのテクストを精神分析的な意味で解釈しようと試みることにその本質がある。つまり、フロイトが行き詰まったところ──それは転移の取り扱いであるが──までフロイトのテクストを問いただすのであって、フロイトのテクストをパロールとして扱うのである。

ラカンの方法は「横取り」[*104]と非難されたが、この方法はラカンによる理論の取り扱いの欠点ではない。反対にその方法は精神分析の原則に直結している。それはどのようなものかというと、様々な概念を検討する際、そうした概念を分析療法がもたらす地平──そこでは無意識の存在が明確になる──において再読することである。精神分析は非常に特殊かつ個別的な経験であり、概念を再読したことの成果をどこにでも見出すのである。こうして、精神分析は、他の学問に属する概念──個別分野を超えて普遍化されることを期待された概念──を選別して、その時代の言葉でこうした概念を絶えず明確化して再創造していくのである。

ラカンがソシュールのシェーマから出発するのは、フロイトが現代の構造言語学の成果を知らずに表象の理論を前進させたことを明確にするためである。

ソシュールはシーニュ（記号）のために次のシェーマを提案する。[*105]

ソシュールはこの言語記号を概念であるシニフィエと聴覚映像であるシニフィアンを結びつける単位と見なす。

> 言語記号が結ぶのは、物と名前ではなくて、概念と聴覚映像である。[*106]

ラカンは言語記号の結びつきを解体する。彼は楕円を取り除き、言語記号におけるシニフィアンとシニフィエの統合を「不完全にして」、それぞれの位置を入れ替えるのである。さらにラカンはシニフィアンとシニフィエを隔てている横線を強調し、ソシュールの式を以下のように書き直す。

$$\frac{S}{s}$$

このシニフィアンとシニフィエの間の横線は主体に影響を及ぼす。つまり、主体が話すとき主体は自分が言うことを知らないということをこの横線は表現している。シーニュ（言語記号）とシニフィアンはもはや同じ境域の中に存在しない。ラカンは、他のシニフィアンに対して主体を表象するものとして定義するシニフィアンとは区別して、シーニュ（言語記号）を誰かに対して何かを表象するものとして定義する。というのも、主体はシニフィアンの集合である大文字の他者[*107]においてしか表象されないからである。したがって、主体がシニフィアンの集合に存在するとは言えない。ラカンはシニフィアンと主体の関係をさらに推し進める。ソシュールによれば、ラングの体系には差異しか存在しない。つまり、あるシニフィアンに価値があるのは、他のシニフィアンがそのシニフィアンの場所を占めない限りにおいてである。[*108]このことが意味するのは、シニフィアンS_1はそれだけでは存立し得ないということ、つまり、S_1は他のシニフィアンS_2との差異の中でしか存立し得ないということである。より根本的には、シニフィアンは他のすべてのシニフィアンとの差異の中にしか置くことができない。こうしたシニフィアン（例えば、固有名）は主体を表象していく。その主体は、この名指し・命名によって、シニフィアンの集合のもとで、つまり、大文字の他者の中にある一連の音素の中で、シニフィアンの主体として産み出される〔$\not S$〕。したがって、次のように書くことができる。

$$\frac{S_1}{\$} \longrightarrow S_2$$

父

フロイトの著作では一貫して「父」の問題が探究されていた。序論で記したように、それゆえラカンはフロイトのテクストへ回帰したのである。父の問題はラカンが象徴界、想像界、現実界という三つの境域を導入する初期の著作から見出される。

ラカンによれば、フロイトは「誘惑理論」でヒステリーに接近していくうちに「父」に出会ったのである。この理論は精神神経症の病因を説明するためにフロイトが作り上げた最初の仮説である。精神神経症の起源には、大人、とくに父親から誘惑されるという現実の場面、つまり主体の人生の初期に性的な衝撃を受けるような介入があるとされる。フロイトは最後にはこの理論を放棄して、誘惑場面を現実ではなく幻想の中に位置づける。なぜなら、無意識には「情動を備給されたフイクションと真実を区別する」ことを可能にする「現実性の指標」[*109]は存在しないからである[*110]。「誘惑理論」における父はトラウマをもたらす存在である。なぜなら、父は主体の世界で欲望を具現しながら外的に性を導入するからである。フロイトはこの理論を放棄するが、だからといって父の象徴的な地位を諦めはしない。フロイト理論はこの父の地位を中心にして、その周りに展開されている。実際、フロイトは自分の父親の死後しばらくしてエディプス・コンプレックスを発見するのである。すなわち、それは幻想の中に位置づけられた「誘惑場面」である。それ以降、父は近親相姦の禁止を伝えながら主体にエディプス「への」参入を許可する存在となる。よって、父の機能とは主体を象徴界に関連づけることである。象徴界は主体にとっての欲望の問題を説明可能にする審級であり、主体が欲望へ接近するのは象徴界を通ってである。エディプス・コンプレックスの中心には象徴的な操作としての去勢がある。去勢とは、主体が象徴的な秩序へ参入するには必要な諦めであり、享楽の喪失として理解される。

フロイトは『トーテムとタブー』において父性機能を創設する神話を提案する（ラカンはこの論文を時間をかけて注解することになる）。この論文で参照されている人類学の典拠は、フロイト以降広く議論され正当性のないものと見なされたが、ラカンはそれをよくある神話の一つとして読むように勧めている。フロイトの想定では、有史以前の人類の起源に、一匹の壮齢なオスによって率いられた動物的で人間的とは言いがたい群れが存在する。この父は力によって息子たちからメスを

$$\frac{\text{父-の-名}}{\text{母の欲望}}\cdot\frac{\text{母の欲望}}{\text{主体へのシニフィエ}}\longrightarrow\text{父-の-名}\left(\frac{\text{A}}{\text{ファルス}}\right)$$

父性隠喩の式

奪い、群れのすべてのメスを享受・享楽している。そこで息子たちは陰謀を企てる。父を殺害するため、また女たちを財産と同様に所有して享楽するためである。ひとたび父を殺害すると、逆説的にも父の法はさらに厳格に遵守されるようになる。なぜなら、父を殺害したあと、禁止された女たちへの道が開かれると、〔女をめぐる〕兄弟同士の殺し合いを禁止する存在はいないからである。父が去った場所を誰かが占めれば、また自由になった女たちを享受・享楽するであろう。そこから兄弟のライバル関係が立ち現れる。それゆえ、息子たちは協定を結ぶこと、この死んだ父をトーテム化することになる。こうして死んだ父は生前に自分が力で君臨していたときよりもさらに徹底した根本的な仕方で法を伝達する。[*111]〈法〉に従えば、父とは死んだ父であり、トーテムとして祀られた父もしくは墓石に名を記された父である。そこから、父とは一つのシニフィアンであるというラカンの主張までいくばくもない。ラカンはこのシニフィアンを父-の-名と呼び、その機能は去勢に関わる。子孫の再生産において父が果たす役割は、実はこのシニフィアンの効果なのである。

エディプス神話の中心にはラカンが父性隠喩と呼ぶものが作用している。ラカンは精神病に関する研究をもとにしてこの定式を提案した。[*112] 父性機能は隠喩として作用するので、あるシニフィアンを他のシニフィアンに置き換える。[*113] 母の欲望はヴェールで覆われた不可解なものとされる。例えば、母親が行ったり来たりするのを見て、子どもは母親の往来には特に理由もなく気まぐれに従っていると理解したりすることがある。この母の欲望は父-の-名に置き換えられる。子どもにとって父-の-名とは、自分以外に母親が欲望するものの代理である。

したがって、父は第三項の機能を果たし、想像的な袋小路から主体が離れることを可能にする。実際、鏡像段階においては、鏡の中の他者＝私自身は、同時に「私」であり同時に「他者」であるからである。この鏡像による捕捉、性愛もしくは愛情による捕捉があり、また同時に攻撃的な緊張もある。この同一化は排他的な論理に依拠している。つまり、私か他者かである。この状況は第三項という媒介なしには袋小路に陥るだろう。それは先に見たように、まずはこの像を承認するのに不可欠な母親という第三項であるが、母親を通過するパロールやランガージュという第三項でもある。この母親の言葉において父の問題がすでに提起されている。子どもは父についての問いによって秩序づけられた世界に生まれてくるのである。彼は生まれたときに母の欲望と母の幻想のうちに場所を占める。それは母のファルスへの関係においてのことであり、よって父の問題に関わる事柄である。父性隠喩としてのエディプスとは、母の欲望の中に父が出現することである。子どもがこの欲望に捕らわれるがゆえに、母は自分のパロールの中で自らと子どもの間に父の次元を導入しうるのである。主体が母の欲望の対象、つまりファルス[*114]であろうと望んでいた時期のシニフィアンは、法と象徴的な秩序のシニフィアンによって取って代わられる。したがって、欲望が維持されるのは、母以外のすべての対象を対象とする限りである。これが無意識を創設する原抑圧という操作である。それは諸シニフィアンに新しい意味作用を与えつつ、のちに子どもが出会う喪失を引き起こす。

ゆえに、父‐の‐名という一つのシニフィアンは母の不在の象徴としてやって来る。それはこの不在の原因を担う名であり、母の欲望の最初のシニフィアンであったものに取って代わる。この操作の効果は、去勢に連なるファルス的な意味作用を出現させることである。ひとたび父性隠喩の操作がなされると、ファルスはシニフィエの場所に着く。つまり、言うことはすべて性的でファルス的な意味作用を帯びるということである。それが主体の欲望に意味を与えるものである。ラカンにとって欲望とは大文字の他者の欲望である。母親が自らの欲望で子どもに寄生することは避けられない。というのも、いかなる人間も固有なものとして欲望を持たないからである。

父性隠喩の効果は、享楽の一部が禁止され、喪失が存在するということ、その結果ファルス的享楽という享楽の一部は許可されるということである。ラカンによって提案された式の右の部分が示しているように、父性隠喩が作用したとき父‐の‐名は象徴的な括弧の外に書き込まれる。このシニフィアンは、ファルス的な意味作用によって印づけられたシニフィアンの集合Aの中には存在しないが、ファルス的な意味作用を支える。フロイトも同様に父を歴史の外、先史に位置づけていた。

それが『トーテムとタブー』が論証していることである。ラカンとともにユダヤの伝統を参照してそれを表現してみよう。その伝統によれば、神の名を発音すること、神聖四文字[*115]は第二寺院の破壊とともに失われてしまった。それは他のシニフィアンの集合とは同じものとみなすことはできないシニフィアンである。宗教は自らのやり方で無意識と父性隠喩を解釈する。父-の-名は発音不可能なのであり、それは大文字の他者の中にはない一つのシニフィアンなのである。したがって、シニフィアンの宝庫である大文字の他者とは、それに対して外部にある一つのシニフィアン、父-の-名によって印づけられた有限集合なのである

＊＊＊

エディプスの中心に位置づけられたこの父性隠喩を、ラカンは諸構造の岐路とする。もし父性隠喩が作用しないなら排除があるとラカンは述べる。この父-の-名の排除はラカンにとって精神病の指標である。したがって、精神病者は小文字の他者への関係に捕らわれ、愛に捕らわれ、さらには攻撃性に捕らわれ、そうしたものの中に囚われたままでいるのである。精神病の発症には「父-の-名は排除され verworfen、大文字の他者の場所に一度も到来せず、主体にとって象徴的ではない立場で大文字の他者の場所に呼ばれる」[*116]だけで十分である。こうした事態は主体の人生のいくつかの

主要な時期において引き起こされる。この父‐の‐名のシニフィアン、父性隠喩が不在であるがゆえ、シニフィエのうちに穴が穿たれ、「シニフィアンが次々に改変され、ゆえに想像界では大惨事が生じる」[117]。この場合、ファルス的な意味作用がないため、大文字の他者は猛威を振るう。もはやまったくファルス的な意味作用に依拠することができないところでは、自分の住む世界に意味をもう一度与えるため、またそこに住むことができるように、主体は多くのことをしなければならない。

象徴界を明確に設定することで、ラカンは想像的な袋小路から抜け出ることができた。そして、パロールとランガージュという基本的な場所を示し、すべてを言うことという基本原則によって枠を与えられた分析で何が起こっているのかを明らかにした。しかし、治療はすべて象徴化の過程として考えることができると言い切れるのだろうか。象徴化がなされたときに残余はまったくないのだろうか。主体が関わる現実界は完全にこの方法で解消されるのだろうか。フロイトが「終わりある分析と終わりなき分析」[118]で、女性では「ペニス羨望」、男性では「女らしさ（女性性）の拒絶」という躓き、つまり去勢の「起源の岩」としてすでに指摘した限界が、その治療にはないだろうか。

第四章

現実界

パリ高等師範学校

一九六三年、国際精神分析協会（International Psychoanalytical Association：IPA）との入り組んだ交渉ののち、精神分析フランス協会（Société Française de Psychanalyse：SFP）は分裂した。IPAは、ジャック・ラカンとフランソワーズ・ドルトを教育分析の実務からはずすという条件で、精神分析フランス協会（SFP）を再び受け入れた。しかし、SFPの中で分裂が起こり、そこから二つの新しい団体、フランス精神分析協会（Association Psychanalytique de France：APF）とパリ・フロイト学派（École Freudienne de Paris：EFP）が生まれる。前者はIPAに組み入れられ、後者はラカンが創設し、ドルトはそこに加入した。ラカンのセミネールは中断され、『父-の-名』に関するセミネールは一九六三年一一月に一度開催されたのみである。一九六四年一月、ラカンは新しいセミネール『精神分析の四基本概念』をユルム街の高等師範学校で開始する。新たな場所を得て、聴衆も増えたことで、「私たちのディスクールの大きな変化」[*119]を示唆しているとラカンは記している。この一年を通して、無意識、反復、転移、欲動が取り扱われ、失われた対象というフロイトの概念をもとにして、とりわけ対象の問題が展開される。失われた対象とは「主体の（幻想によって従属させられた）位置を決定する原因」[*120]であり、ラカンが数年前に対象aと名づけたものである。

対象a

一九二〇年、フロイトは分析療法において現れる困難に興味を持つ。外傷神経症の主体は自分の体験したつらい状況を夢で繰り返し、Fort-Da の遊びをする子どもも不快の経験と結びついた遊びにふけっている。フロイトはこうした状況のうちに困難を見出していた。また、それは陰性治療反応[*121]と彼が呼ぶものに関連させねばならない。この場合、分析療法は反復強迫に躓いている。主体の人生における反復は、快感の源泉ではなく、快感原則にも反している。ところが、フロイトにとってはそれまで快感原則こそが精神生活を方向づけていたのである。こうして死の欲動という仮説が生まれる。

フロイトは一歳半の孫の遊びを観察する。この男の子はとても母親にべったりだったが、母親がその子をしばらく放っておいても泣かなかった。フロイトが着目したのは、母親の不在の間、その子がいろいろな物を部屋の遠くに投げる習慣があることだった。彼が物を投げるときはたいてい、「興味と満足」の表情で、オーオーオーオという長い音を発していた。母親とフロイトはこの音をドイツ語の fort（いない、去って）という語として理解した。別の機会にフロイトはその遊びの完全な形を観察する。子どもは自分が掴んでいるひもがつながっている糸巻きを、このオーオーオーオを発音しながら、自分のベッドの縁の上から投げ、つづいて、ひもを引っ張ってそれを再び出現させ、自分の方へ引き戻していた。その際に喜んで da（いる、ほらここに）と言うのである。フロイトは次のように結論する。

したがって、これが消失と回帰という完全な遊びだったのである。[*122]

彼はこの遊びを文化的な秩序の進展として、欲動の諦めを示す一つの指標として、解釈する。なぜなら、この遊びによって子どもは母親が離れていくことに耐えることができるようになるからである。同時に、フロイトに対して提起される問題とは、なぜこの子が不快でいっぱいの状況を思い起こさせる遊びを繰り返すのかということである。

Fort-Daの遊びが導入するのは、行ったり来たりすることの象徴化、母親の在と不在の象徴化、つまり、最初の象徴化である。そして、この象徴化はランガージュによって為される。ラカンはこの点に関して二つの点を強調する。一方は主体の構成であり、それが問題となっている。Fort-Daのシニフィアンを言表するこの主体は、幼児にとって最初の他者である母という大文字の他者から切り離された主体の位置を指し示しているのである。そして、他方は糸巻きである。それは母を代理している対象であるだけでなく、自分自身から奪い取られたものとして主体が経験する対象であるということである。このようにして、この作業において主体はこの対象で「不完全にされ」、そして、主体から切り離されたこの対象は、全く偶然に最も近くで欠如を体現すると同時に、不在、欠如を塞ぐ機能を獲得する。

この糸巻きは、ヒバロ族流のやり方で小さな球に還元された母親ではないのです。それは、まだ主体に属しており、主体に留め置かれていながらも、主体から切り離される主体の小さな何かです。[*123]

ラカンはつけ加える。

シニフィアンが主体の最初の印であるということが真実であるなら、この遊びがこれから現れるいくつかの最初の対立の一つを伴っている事実からだけでも、私たちは次のことを認めざるをえません。つまり、この対立が行為の中で適用されている対象こそを、すなわち糸巻きこそを、私たちは主体と言わなければならないということです。この対象はのちにそのラカン的代数の名を与えられることになります。つまり小文字の a です。[*124]

したがって、母親が離れていなくなることを反復するのは、主体の分割の原因であり、この分割は〔Fort-Daという〕シニフィアンの対立に結びついている。この対立だけがシニフィアンを創設する。それというのも、シニフィアンとは純粋な差異であるからである。象徴化によるこの最初の喪失でもって生み出されるのは、分割された主体であり、また同時にラカンの対象aである。六八頁で提示された定式は次のように変形される。

$$\frac{S_1}{\$} \longrightarrow \frac{S_2}{a}$$

象徴化は残余を産み出す。つまり対象a〔a〕を産出するのである。

＊＊＊

ラカンは自らのことをフロイトの追従者もしくは「注解者」と見なしていたが、対象aという概念を提示して、現実界に関して理論的前進をもたらしたとして、自らが貢献した部分もあると主張している。したがって、たとえここでは簡潔な仕方にとどまるにせよ、この概念がどのように作り上げられ修正されるのかを少々確認することは重要である。

哲学的伝統、とりわけカントを出発点とする哲学は、主体、対象、物という三つの用語を区別する。物は人に対する物ではない。たとえ私が物によって触発されても、物は私に対してあるいは誰かに対して存在していない。それに対して対象は主体というもう一つの概念を呼び寄せる。対象という用語は語源学的に「前に置かれたもの」を意味し、そこから意味が拡張し、五感を触発するものとなる。したがって、この用語は相関物を含むのである。つまり、この対象の前に置かれたもの、あるいはこの対象によって関係されたものであるがゆえ、対象は主体という概念を想定する。主体とは「下に置かれたもの」、従属したものである。ラカンがどのようにこの用語を覆したかは周知の通りである。彼にとっての精神分析の主体とは、斜線を引かれた主体、シニフィアンに従属した主体、シニフィアンの連鎖の中に姿を表すことなく、代理表象される主体である。同時に、ある一つのシニフィアンによって「ピン留めされることが不可能な」主体である。無意識の主体は全体性がなく、消えゆく主体である。古典的には、主体とは認識の主体であり、対象とは認識すべきものであるが、もし主体が話す主体であり、無意識の仮説を採用するのであれば、哲学によって確立されたこの関係は完全に解体される。そのうえ、ラカンは主体と対象の特異な関係を説明するために或る定式、「マテーム（分析素）」を提案する。

$$\$ \diamond a$$

この定式にはのちに戻るが、ラカンはこの定式を幻想の式と名づける。なぜなら、幻想はまさしく主体の現実や諸対象への関係を「枠づける」ものであるからである。

フロイトにとっての幻想とは、防衛によって歪曲された仕方で、無意識的な欲望の実現を上演する想像的なシナリオである。したがって、幻想は抑圧された欲望の表現であると同時に、主体の意識的あるいは無意識的な現在の欲望の原型である。ラカンは幻想の言語的な次元と想像的な次元だけでなく、現実界を覆っている象徴的な次元をも強調する。上述のマテームは、幻想がどのように主体の分割（対象が塞ぐことができる主体の上の斜線）にヴェールをかけることができるのかと、どのように（現実界とは区別される）現実に「枠」を与えることができるのかを示している。

精神分析の歴史において、対象という概念はどのように発展してきたのだろうか。フロイトにおいてこの用語は一般的に異性の人間について話すためにあった。例えば、欲望されるのは、男性にとっては女性、さらには母親であるというように。この場合、異性の人物はリビドー的に備給された全体対象である。対象にはまた別の地位があり、それは欲動において機能している対象である。しかし、この地位にある対象は他者つまり「全体的な」人間と無関係ではない。欲動における対象はある目標に到達するのに使用される。フロイトによればその対象は重要ではないが不可欠である。そこでもまた対象はリビドー的に備給されているのである。さらに、この対象はフロイトによれば初めから根本的に失われたものである。これは精神分析においては非常に重要な特徴となっている。Fort-Da の遊びが示しているように、母親が失われた対象になるのは、象徴化に起因する「現実界に入れられた裁断線」によってである。対象aは象徴化の残余であり、かけらにすぎない。この対象は母親がいなくなることが原因で失われるのではなく、対象を象徴に置き換えて対象を「不在」にした象徴化の作業によって失われるのである。また、もし精神分析が象徴的なものを参照にした操作をするだけで、象徴化の過程としてしか構想されていないのなら、この対象は精神分析の袋小路の一つであるが、失われた対象を再び見つける探求として、その対象は主体の生涯を方向づける。ところで、一度主体がランガージュの中に入ってしまうと、ランガージュによって失われた対象を見出そうにも、主体にはランガージュという手段を用いるしかない。

　このパラドクスはこう言い換えることもできる。対象がそのものとして現れるのは、それが喪失される瞬間においてである。対象は失われている状態でしか存在には達しないのであり、その地位は事後的にしか対象に与えられない。それ以前では、対象はいまだ主体ならざるものから切り離されていない。対象が失墜することで主体は構成されるため、対象の喪失は非常に根本的なものである。そして、対象を再び見出そうという試みは、対象の欠如をさらに深めることにしかならない。視点を変えれば、主体はランガージュとシニフィアンのために根本的に疎外されているのである。したがって、もはやそれは認識の主体、「科学」の主体ではなく、無意識の主体としての主体、知っていることを自分では知りえないという意味での知の主体である。象徴化によって失われたこの最初の対象を、ラカンは〈もの〉と名づけ、近親相姦によって目標とされる母により体現されると考えた。また、象徴化によってこの対象は根本的に欠けることは避けられる。対象を再び見出そうとする中で――それは完全には達成不可能な試みなのだが――他の諸対象がこの場所に到来するのである。つまり、象徴化による置き換え可能性が出てくる。フロイトは、口唇的対象、肛門的対象、ファルス的対象、最後に性器的対象といったように、ある対象の優位性によって発達段階を特徴づけた。しかし、この性器的対象は次のような問題を提起する（ラカンもこの問題を取り上げることになる）。どのように完全に満足する全体対象との出会いを考えるべきなのか。換言すれば、どのようにその対象を再び見出すことを考えるべきなのだろうか。

　部分欲動の相関物として、部分対象という概念を導入したのはカール・アブラハムであった。その弟子であるメラニー・クラインはそれを継承し、精神分析の重要概念にまで押し上げた。対象aは部分対象の概念と無関係ではない。しかし、部分対象を語るのは困難であるとラカンは強調する。なぜなら、部分という用語は全体という概念と切り離せないが、Fort-Daを使って指摘した通り、全体対象を参照することは不可能なのである。全体対象と部分対象は、不可逆的な乗り越え不可能な境界線によって隔てられている。[*125] ラカンにとってみれば、クラインの見解が問題になるのは、彼女が諸対象のシニフィエを重視しすぎること、つまり諸対象の想像的な次元に重心をおく点にある。

しかし、ウィニコットによって主張された移行対象という概念はおそらく対象aとしてラカンが練り上げるものと非常に近い。子どもは発達していく中で、毛布、羽毛、ぬいぐるみに関心を引かれる時期があるが、ウィニコットはこうした事物の中に移行対象を措定した。どのようなものでもこの対象となりうるが、容易に取り替えがきかないという意味で、何でもこの対象になれる訳ではない。それは感触や組成などのいくつかの代え難い性質を備えている。この対象は眠りにつくときのような特定の瞬間に子どものそばにあるものである。ウィニコットはそれは母親あるいは母親の一部を代理しているが、それは母親ではないということを強調する。それは子どもが知っている何かであり、部分でも全体でもなく全体の部分でもないとウィニコットは述べる。ところで、この対象は対象関係の始まりの点となる。つまり、移行対象とは自分ではない最初の外部を所有することを意味する。そして、この外部の所有は将来における他者や世界の諸対象とのあらゆる関係が実現される枠組みを形成する。この枠組みは空間内で範囲を定め、移行空間を産出する。これは遊びと創造の空間であり、対象の断念や消失の際にも存続している空間である。また同時に、この特権化された領域は、主体とそうした諸対象との関係のうちにあり、分離・離接の空間でもある。というのも、それは主体と対象の結合的かつ直接的な関係そのものに不一致を導入するからである。[*126]

対象の変遷

ラカンは、その教育活動の様々な時期に、対象の問題を再考していく。その取り組みは変化に富んでいるが矛盾したところはない。ラカンが再考を重ねていくごとに、もともと断片的でしかない真理――ラカンの言葉を踏襲するならば、真理は「すべてを語らない mi-dire」のであるが――の一側面が明らかになる。それゆえ、フロイトも主張していたように、精神分析が一つの体系として提示される可能性はないことを注記しておこう。

まずラカンが手をつけたのは、対象についての多様なアプローチを三つの境域に位置づけ、個々の接近法を両立させることであった。例えば、乳房やペニスなどのメラニー・クラインの部分対象をラカンは現実的な対象と見なす。しかし、そうした満足の純粋な対象としての乳房は、それを与えたり拒んだりする力を持つ母親しだいである。そして、まさしくこの対象が欠損可能であるという理由でしか、それは現実的であることの価値を持たないのである。この欠如、それは欲求不満である。こうした対象はすぐに交換、贈与の対象の次元を取る。このことは別の境域である象徴界を導入する。こうした対象が象徴的になるのと同じ趨勢で、まったき象徴的な母――在と不在の交代としての母親――は、全能であるゆえに現実的な母親となる。というのも、母親には対象を与えるか与えないか、その全権が与えられているからである。この母親の前での子どもの無力さは母親を現実的にするのである。

フロイトがこのつねに失われている対象に関して語るとき、最初の対象の特徴や主体がこの場所で再び見出すと信じている代理の諸対象の特徴には関心を抱かない。彼はこの最初の時期に措定された満足の痕跡を強調するのである。この痕跡にしたがって、再び見出すという試みが遂行される。任意の対象が失われた対象の位置を占めにやって来るとき、出会いは必然的に失敗している。反復には根本的で本質的な差異がある。というのも、対象とのいかなる本当の再会（再び見出すこと）もないからである。

ラカンは、最初の数年のセミネール、特に四番目のセミネールで、対象や対象関係という概念ではなく、対象の欠如という概念を提唱することを提案する。[*127] 対象とのあらゆる出会いは、根本的な欠如という基盤の上でなされる。根本的な欠如は対象との不一致を強調している。この不一致とは単に、欲望を満足させるのに適した対象の不適切さではなく、そのもの自体の不適切さである。というのも、シニフィアンの網に囚われた対象そのものの地位が、対象をその機能に適さないようにするからである。したがって、こうして開かれた分析的なパースペクティヴにおいては、対象は構築されている。さらに言えば、対象はシニフィアンの効果によって構築されているのである。

そのとき、対象は全能の現実的な母に関連した象徴的な次元をもち、この対象は欠如の基底に登録される。この欠如は現実的なものであり、女性におけるペニスの不在に対応している。もちろん、現実界においては、女性が女性になるために欠けているものは何もない。しかし、女性という概念そのものが存在できるのは、象徴的な面に、ペニスの不在が欠如として登録されることが可能だからなのである。女性になるということは、現実的な決定ではなく、象徴的な決定から生じるのである。

欠如しているものとは、象徴としてのファルス、そこにないもののシニフィアンとしてのファルスである。想像的な対象としてのファルスは、何よりもまず母のファルスである。それが想像化されるのは実際に対象が欠如しているからである。したがって、対象の欠如は、エディプス的な過程のために、ファルス的な意味作用の刻印がつけられる。ファルスとは何よりもまず想像的な対象であるが、父性隠喩の効果によって、欠如のシニフィアンとしてシニフィアンの次元を取ることになるのである。ゆえにファルスは二重の機能をもつ。想像的な側面における対象としての機能、さらには象徴的な面におけるシニフィアンとしての機能である。

翌年のセミネール[*128]において、主体と対象を結ぶ前述の定式に小文字のaが導入される。このaという文字は、似姿（同胞）である小文字の他者に由来している。というのも、この対象が現れるのは想像界においてであるからである。この定式は欲望と要求に関する一連の弁証法に登録される。ラカンは欲求、欲望、要求という三つ組の概念を提出した。幼児が欲求を満足させるためには、大文字の他者のシニフィアンを媒介する必要がある。つまり、主体はこの大文字の他者に登録されたシニフィアンをもとに、大文字の他者に向けてはっきりと要求できなければならないのである。この作業で残るものは、ラカンが欲望と呼ぶものである。この時期すでに、ラカンは聖アウグスティヌスの『告白』を参照して、この聖人が乳房にしがみつく子どもを見て嫉妬をおぼえた光景について言及している。[*129] ラカンはこの場面を幾度も取り上げて、対象aに言及している。しかし、そこではアルター・エゴとのライバル関係もまた強調されている。すでにラカンが一九三八年の「家族」についての論文で論じていたようにである。母親との間で自分が占めたい場所に、他者が入り込んでいるゆえ、子どもはその他者との想像的なライバル関係の中で怒り立ち上がる。のちにラカンはこの聖アウグスティヌスの言葉を思い返して、この満たされた像を見る人にとって、そこにこそ対象aが具現していると語った。対象aという概念によって、幻想が説明可能になる。ラカンは翌年のセミネール[*130]で$◇aという式を斜線を引かれた主体、aに対する欲望（sujet barré désir de a）と読むことを提案して幻想に立ち戻る。

　こうした対象はまず主体とファルスの問題に関連して現れる。欲望を中断せよとの脅しに直面して、去勢によって欠如を被りながらも、この欲望の永続性を保つため、主体は諸対象を自らの支えとして確保する。その諸対象はファルス的な意味作用のうちにあるが、ファルスそのものとは別なものである。対象とは、主体が自らの存在に関する問いに立ち向かわねばならないときに、主体を支えるものである。つまり、主体が主体としてシニフィアンの裏に消えるとき、対象が主体を支えるのである。このパニックの瞬間に、主体がしがみつくのは欲望の対象である。ラカンは『守銭奴』のアルパゴンとその金庫の例を取りあげる。モリエールのこの作品において、欲望は金銭という対象の出し惜しみのうちに現れる。その対象が与えてくれる享楽は、欲望の支えもしくは欲望の担保であり、さらには欲望の人質であるとさえ言える。ラカンによれば、このように対象が貴重なものになるのは、対象が消え去ってしまうことである。というのも、対象が単純で純粋な欲求の領野から引き離されるからである。金庫は欲望の永続性を保証し、そして目標の機能ではなく、いわば原因の機能を果たす。もし対象をその代理となるものの中で再び見出しても、最初の満足のときのような完全に満足のゆく対象ではないなら、それは欲望が目標とするものではなく、欲望を引き起こすものとして理解されることが可能であろう。というのも、それぞれの新たな出会いは一つの結論、つまり再び見出された対象は捜し求めていた対象ではないという結論に達することしかできないからである。こうして主体は対象から対象へと差し向けられ、対象aとは欲望が目標にするものというよりも、欲望を引き起こすものとなるのである。ラカンが欲望の原因としてこの対象について語るのは、不安についてのセミネール[*131]においてである。

小文字の他者との関係において、理解可能なのは一つの像である。身体のこの像は、前に提示したシェーマLが示しているように、鏡像段階において大文字の他者によって「媒介されて」いる。対象aは性感帯に閉じこめられたものであり、鏡の中には現れない。離乳時に切断は唇と乳房のあいだで起こるのではなく、乳房と母親の身体のあいだで起こる。というのも、乳房は主体にとって、対象の一つであるからである。鏡像においては主体は満足する対象には出会わない。したがって、糸巻き遊びが示しているように、この分離の結果、一つの対象が失墜する。対象aとは、切り離し可能であり、鏡に映らず、また見せかけで騙すものでもある。というのも、ある意味では主体は対象aに至る所で出会うことになるからである。フロイトは二つの主要な対象である乳房と糞便を見つけ出した。ラカンは視欲動の概念を主張して第三のものとして眼差し、[*132]また欲動の第四の対象として声をつけ加えた。

　こうしてラカンの思考は深まり、現実界と対象aの重要性が増していき、分析療法の目標にも影響を与えるようになる。初期のラカンの考えでは（それはのちのラカンの考えと矛盾しない）、分析家は、分析家の欲望によって、つまり分析主体にとって分析家が体現する謎の欲望によって――それというのも分析家は分析経験の中で満足を追求しないからだが――、大文字の他者の欲望を体現できる場所を占める。主体が大文字の他者の欲望の謎にはじめて直面するのは、こうした仕方においてである。こうして分析家は解釈する者となる。というのも、分析家が占めている場所は、大文字の他者の位置とは関係がないわけではないからである。つまるところ、分析家は一つの象徴的な審級なのである。このパースペクティヴの中での精神分析は象徴化の過程といえる。分析家が話しかけるのは主体であって、自我や人物ではないのである。転移に関するセミネールで、[*133]ラカンは転移の古典的な解釈を逆転させて、転移の中心にはある欲望すなわち分析家の欲望があることを示す。この欲望とはある特定の分析家個人の欲望として理解されるべきではなく、それは分析経験の中で働く構造の基本的要素として理解されねばならない。分析家に語りかけることは知を想定された主体という次元を設定する。この二重の想定〔分析家の欲望と知を想定された主体〕を導入することで、治療における大文字の他者の機能はすでに変化しはじめる。これ以降、転移はシェーマLが示していたような間主観的な関係として理解されるべきではない。それは間主観性に異議を申し出るものでさえある。

治療の初期では、この知を想定された主体は分析家によって体現される。分析主体が分析家に語りかけるのは、自らの症状について何かを知っていると想定するからである。しかし、分析家とは、治療の過程そのものによって、無意識的な知を想定された主体でもある（また無意識的な知そのものも治療の過程から引き出される）。単に分析主体が自由連想をするだけでも、こうした分析家に想定された知の位置は一挙に揺らぎ問題視されるようになる。主体がすべてを語るように促されるということは、知は主体のパロールの中、主体が面接で言えることの中に位置することを暗示している。

最初の段階では、ラカンにとって対象は想像的な地位にある。次いで、対象は一連のシニフィアンの中に位置づけられる。それは原初の象徴化のために提示された定式[*134]、つまりラカンが主人のディスクールと呼ぶ定式[*135]のうちに位置づけられよう。ディスクールとは社会的紐帯の意味で理解されるべきであるが、分析家のディスクールという特異な社会的紐帯において動作主の位置にやって来るものは対象aである。[*136] 分析家は、大文字の他者に関した以前の場所から、欲望の原因の対象の位置に移される。このパースペクティヴにおいて、治療の中心的な要素になるものとは、転移と分析家の欲望との結びつきを可能にする幻想の問題である。というのも、対象aは幻想に関与しているからである。治療の目標の一つは、ラカンの用語ではこの対象の暴露である。

対象はこうして現実的な次元をとる。対象aはラカンが主体の原因化 causation として示した作業の残余であり、この作業とは疎外と分離という二重の操作のことである。疎外とはシニフィアンによって代理表象された主体としての疎外であり、分離は主体と大文字の他者（この場で主体は構成される）が切り離されるかぎりでの分離である。対象aはこの二重の操作の残余であり、それは欲望を引き起こす。分析家は分析主体が分析家にあると思うこの対象を引き受ける。治療の設定そのものがそこへと患者を導くのである。分析家は患者の視野の外におり、分析家の沈黙も大きく作用する。もしこの位置が貴重な「何か」を包み隠していると想定されるなら、治療の終結時の分析家の運命は、分析的な操作から失墜することである。強化された二つの「自我」が分析終結時に互いに祝福しあうのに比べれば、この治療終結のパースペクティヴはあまり幸せではないといえる。

父性隠喩の効果、原抑圧の効果とは、最初の分離の際に失われたこうした部分対象の事後抑圧である。このように対象aは去勢に結ばれる。それゆえ、こうした対象はファルス的な意味作用によって印づけられた状態にあり、このためそうした対象は治療の中に現れうる。もし父-の-名の排除、つまり父性隠喩が実行されないという仮定とともに精神病の問題に立ち戻るなら、精神病においては主体はその対象から切り離されていないのである。[*137] もし対象aが切り離されていないなら、つまりもしそれが去勢によって「矯正され」ないなら、制限はなく、精神病の主体にとってファルス的な意味作用は享楽を方向づけてはくれないのである。したがって、この主体は、去勢のために生じるファルス的享楽ではない享楽、ラカンが大文字の他者の享楽と名づける享楽にさいなまれる。この享楽は、大文字の他者が全く完全な身体として他者に対して存在していたところのものの享楽として理解されるべきである。他者に委譲されたこの小さな対象は存在せず、ゆえにその他者が可能にした分離も起こらないのである。したがって、主体は大文字の他者の欲望へ自らの欲望を関連づけることができない。というのも、この大文字の他者にとって主体は、欲望の対象ではなく享楽の対象でしかないからである。主体自身が享楽を凝縮させるこの対象となる。ファルス的な意味作用がないときには、主体が世界に〔妄想的な〕意味を与えるのである。

性別化

もし完全性を保証してくれる対象と出会うことができないのなら、つまり、性器的で全体的な「よい対象」との出会いが幻影ならば、他者との関わり、とりわけ恋愛はどのように考えられるの

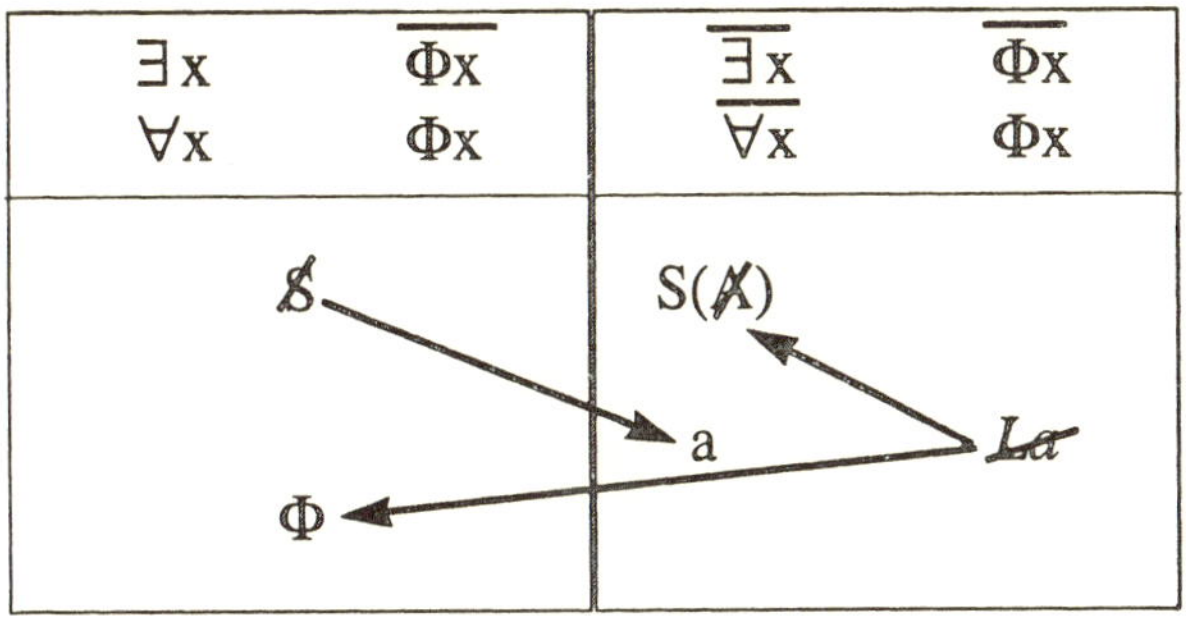

性別化の図表

〔$\not{S}$：斜線を引かれた主体、$S(\not{A})$：大文字の他者（シニフィアンの集合）における欠如のシニフィアン、a：対象a（剰余享楽）、$\not{La}$：「女性は存在しない」、Φ：ファルスのシニフィアン。〕

だろうか。ラカンは、フロイトにつづいて、愛は基本的にナルシシズム的であり、性差をヴェールで包む機能を持つと強調する。自我が分割された主体をヴェールで包むように、愛は性差を覆うのである。どんな性的な関わりにもランガージュによって第三項が介入してくる。それはすなわちファルスである。ファルスとは、性的な関わりに入るときに各々が関係を持つところのものである。したがって、性的関係は存在しない。つまり、性を媒介とした主体同士の関係はないのである。解剖学が想像的に信じさせるような完全性は存在しない。男女両性の補完性はないのである。各々は自分自身の幻想を通してしかもう一方の性に出会うことはない。ラカンによれば、フロイトがこの性の根本的な役割を発見したのだった。性的関係が不可能であるということの次元は、ラカンに現実的なものの定義を提供する。

しかし、もし性差が象徴的なものに起因するなら、それをどのように理解できるだろうか。ラカンは図表の形で或るエクリチュールを提案する。この図表が性別化の定式の図表である。[*138]

ここで、この論理学に関するラカンのあらゆる考察を詳細に述べることは不可能であるが、ラカンが興味を持ったのは形式論理学と無意識の論理学の間の関係である。無意識の論理学とはフロイトが無意識に割り当てた諸特色を考慮に入れたものである。しかし、論理学が象徴界で機能しているものを見分けることができるのだろうか。

ラカンの主張する性別化とは、自らを男性か女性と認めるということである。ラカンにとって、それはシニフィアンに関わる事柄であり、ここで「解剖学が運命である」と主張するフロイトを修正する。

性別化の定式は真理命題というアリストテレス論理学を参照しながらも、現代表記法の二つの量化記号、全称記号∀と存在記号∃を使用する。しかし、ラカンがアリストテレス論理学にもたらす修正によって明らかになるのは、アリストテレス論理学に二つの量化子をつけても、それはラカンの目指すものにそれほど近づかないということである。というのも、ここでの論理学は無意識の存在によって覆されているからである。性とランガージュを指標づけする特殊なシニフィアンであるファルスは、主体にとってシニフィエの諸効果の集合、つまり欠如の次元を指し示す機能を持っている。ファルスはかつて母に欠けている想像的な対象であり、またそれは原抑圧の効果としての象徴的なものでもある。というのも、ファルスは去勢のシニフィアンになるからである。ファルスのシニフィアンは性的な関わりの中で現実界から現れるものを基準にして選ばれている。言い換えれば、フロイトにしたがい、ラカンは初期の教育活動のすべてにおいて、ファルスを主体にとっての性とランガージュの結節点とする。ここで、彼はファルスを去勢の側と理解すべき一つの機能にするのである。このことは矛盾ではなく、先行する諸命題が洗練された結果である。

こうした定式また性別化は生物学的な性ではないことを強調する。というのも、たとえ生物学的な性の影響があるとしても、この性は主体の性的同一性を決定するものではないからである。主体はある同一化の産物である。したがって、主体は、この図表のどちらかの側、つまり左側の「男性」側か右側の「女性」側かに登録されねばならない。その図表を一瞥すれば、ラカンが性差を先鋭化していることがわかる。すなわち、性差は補完性でも対称性でもないのである。

「男性」側には、存在命題とその下に全称命題が見られる。この存在命題は特殊否定であり、ファルス的な機能に従属していない一つのxが存在すると読む。これは「ファルス的な機能、つまり去勢に従属していない一人の男がいる」と理解される。下の定式は全称肯定であり、「すべての男性はファルス的な機能に従属している」と読む。アリストテレス論理学に関連して、全称肯定が成立するためには特殊否定が必要であると主張するパース[*139]の研究をラカンは修正した[*140]。この形式化はフロイトの『トーテムとタブー』に合致している。フロイトによれば、人類の起源には、一人の父によって支配された群れが存在する。この父はすべての女性を所有して享楽し、すべての息子に享楽することを禁じているのである。すでに言及したように、息子たちは陰謀をめぐらし、女たちをわが物とするために父を殺害する。女たちを所有するため父を殺害するやいなや、息子たちはお互いに殺し合いを続けねばならないことに気づき、社会契約の基礎となる協定を結ぶことになる、とフロイトは論じている。この協定では、息子たちは女たちを諦め（彼女たちはタブーとなる）、そして、死んだ父のトーテムを設立する。彼らは、こうしたトーテムとタブーの関係の設立を祝う際に、死んだ父の肉を食するが、それは死んだ父のシニフィアンの体内化を意味する。この「原殺害」はフロイトにとっては歴史の基礎であり、また宗教の基礎でもある。

ラカンもフロイトの根本的な問い「父とは何か」を修正し、引き継いでいく。父とは単に禁止を厳命し、享楽を制限し、身勝手な仕方で法を象徴化する人物にすぎないのだろうか。また父とは享楽の次元を体現しているだけなのだろうか。原始群の父とは、とにかく去勢に対して例外をなすのではないのだろうか。フロイトは同じやり方で、この図式が集団構成の内部にあることを示している。集団とは例外となる一なるものを体現する傑出した人物の周辺に組織されるのである。

あらゆる主体は性的関係の不在に備えて、ファルス的な機能に登録されねばならない。このように、ファルス的な機能によって、人間は自らの限界を見出すが、それはファルス的な機能を否定する一なるものの存在においてである。この例外を基にして、一つの集合としての男性を考察可能にするのは父の機能なのである。[*141]

ラカンはフロイトが明らかにしたこと、すなわち無意識の中には性差がないことに直面する。ところで、フロイトにとって女性性は精神分析の暗黒大陸として残されたままであった。女性における享楽にはパラドクスがある。女性の享楽とは、膣と陰核の区別において表される二分された享楽であるが、その区別には帰着することのない二分された享楽なのである。実際、フロイトは男女ともに唯一のリビドー、ファルス的なリビドーしか存在しないと強調しなかっただろうか。この点についてラカンは、父性隠喩で先に示したように、全くフロイトの教えに従っている。

大文字の他者は女性側の起源にある。というのも、それは母、両性にとっての他者としての大文字の他者、つまり根本的な他性、最初の他者、最初の見知らぬ存在としての大文字の他者であるからである。この第一義的な大文字の他者とともに、最初の交流が生まれ、身体を媒介することにより、最初の享楽が引き起こされる。ラカンは享楽という概念を知に対して障壁をなすもの、すなわちそのものとしての無意識に対して障壁をなすものとして再定義する。享楽（使用収益権）はフロイト的な快感でも欲望でも満足でもない。また、享楽は法律上の意味もくみとって理解せねばならない。例えば、享楽は［フランス語では］財産の使用収益権を持つという意味でもある。ただし、使用収益権の保持は資産を損なわないことであるという制限は含んでいる。

ラカンが享楽についての問いをなすのは、倫理についてのセミネール以降のことである。そこではじめて享楽が語られ、フロイトの『文化への不満』にコメントがなされ、主体とその隣人の関係が注解された。ラカンは享楽に関わる制限は主体の内側にあり、享楽を分けていると考察するに至った。一方にはファルス的な享楽があり、それは去勢のために制限されているが接近可能な享楽である。その制限はシニフィアンによって決定されている。というのも、シニフィアンこそが人間存在に性的なものを導入し、ファルスを中心とした性を組織して、去勢を到来させるからである。ファルスはシニフィアンによって隔離された器官の周囲に身体を組織化するのである。フロイトとは異なり、ラカンにとって去勢は享楽を妨げるものではなく、反対に可能な享楽への接近を可能にするものなのである。原始群の父、『トーテムとタブー』の父は制限されない仕方であらゆる女を享楽する。制限は息子たちにしか関わらない。したがって、父の享楽はその用語の本来の意味においてファルス的ではないのであり、別の性質に由来する。他方には、このファルス的な享楽あるいは性的な享楽とは別に、大文字の他者の享楽がある。それは両性の結合によるものではない享楽であり、ランガージュの外部にある享楽である。その証は、この享楽には沈黙があるということである。というのも、女性たちは大文字の他者の享楽については話さないからである。彼女たちがそれについて話さないのは、この享楽は語られえないからである。それはシニフィアンの秩序には属してはいない。しかし、この女性の補足的享楽 jouissance supplémentaire や神秘主義者たちの経験などから、大文字の他者の享楽は想定されうるのである。

性別化の定式に戻れば、構造という概念は別のパースペクティヴの中に位置づけ手直しされるべきであることに気づく。精神医学から受け継がれた疾病学的な諸カテゴリーは別様に理解されねばならない。重要なのはランガージュにおいて取られた主体の位置である。精神医学や心理学の歴史の意味での〔一般的な〕精神病理学というよりも、主体がランガージュに入った時点で罹患する各主体の病理学が重要なのである。

性別化の図表の左の部分では、例外の存在が強調されており、この部分はヒステリー的な位置を表明しているものとして読まれうる。ヒステリー者が期待しているのは、父が去勢されておらず、去勢に従属していないため、ヒステリーの主体に性的関係を可能にすることである。性的関係が存在するというヒステリー者の倦むことのない期待は、性的関係は自らの受胎の際に起こったという期待でもあり、自分は性的関係に由来しているという期待でもある。パラドクスは、男性が自らを男性と見なすようになるには、去勢という代償を払わねばならないことである。父が息子に伝達するのはまさに去勢であるとラカンも強調している。

もう一方の側、女性側については、ラカンは古典的な論理学から離れた式を導入する。右側について、話す存在の「部分-女性」は最初に存在否定を記入する。つまり、ファルス的な機能に従属していないxは存在しないであり、去勢は例外なくすべての女性に対して機能するということである。二番目の式、下の式は、ラカンによって考案された「すべてではない」と読まれる全称否定量記号を導入する。すなわち、女性はファルス的な機能において完全にすべてではないのである。こちら側には父の機能に対応している例外は存在しない。いかなるものもファルスの機能から逃れえないが、例外の傑出した存在がいないために、女性の集合を組織できる創設者としての傑出した人物は存在しないのである。したがって、まさしくファルス的な機能が集合を保持する唯一の機能であり、その意味で、女性の集合を保持するのに欠けている何かがあるのである。つまり、女性の集合をファルス的な論理の外部に存在させるような、女性の例外的人物は存在しない。女性の集合が存在しないということは、ラカンがこの頃に主張する「〔普遍性を示す定冠詞のついた〕女性は存在しない」[*142]という定式に等しい。

　女性にとっては二つの選択肢がある。集合の構成を可能にする基礎が存在しないというこの状況を拒絶するのか、あるいは図表のもう一方の側、男性の側に与するかである。後者は、男性コンプレックスとフロイトが呼んだものに近く、すでに言及したように、とりわけ女性にとっての分析の行き詰まりとなるペニス羨望に方向づけられる。この場合、こうした女性たちは男性を参照して去勢された者として自己規定して、女性的同一化において自分自身を引き受けることはしない。男性になること、それはヒステリー者の位置である。ラカンの式はもう一つ別の可能性があることも示唆している。「普遍性を示す定冠詞のついた」女性が存在しないので、女性をひとりずつ考察する方向性である。だからといって女性は有限集合を構成することはない。したがって、女性は図表の下の部分が示しているようにある意味では二分化された位置にいるのである。「女性は存在しない」という命題をあらわす、斜線を引かれた定冠詞L̸aから、二つの矢印が出ている。一方は大文字の他者において女性の集合を組織するシニフィアンが欠けていることを指しており〔S(Ⱥ)〕、もう一方は男性側に記入されたファルス的な機能への関係を印づけている〔Φ〕。したがって、女性はその性においてこの二つのシニフィアンの間で分割されており、その享楽において分割されている。女性にとって男性はファルス的な機能を体現することができるが、女性は大文字の他者にも関係がある。この享楽〔大文字の他者の享楽〕について人間は何も知らないのである。

　男性側の図表の下の部分に、ラカンはS̸とΦを記入した。それは主体としてシニフィアンを支えるものである。主体そのものに関しては、それはシニフィアンのために斜線を引かれている。しかし、パートナーとして主体は図表のもう一方の部分に記入された対象aだけを相手にする。

〔男性の〕主体が大文字の他者としての自らの性的なパートナーに達するためには、大文字の他者が主体の欲望の原因に変容することが必要なのです。*143

〔男性にとって〕あらゆる性的関係の実現は幻想に通じている。*144

ラカンは性別化の定式を駆使して、フロイトよりもさらに根本的に、性差を生物学から切り離して説明する。これにより、性転換症や精神病において観察される女性化という現象のような、性の同一性における障害をうまく捉えることができる。そのうえ、この図表は男性の位置と女性の位置の非対称性を明示しており、フロイトが少女におけるエディプス・コンプレックスの概念にもたらした修正に合致してもいる。フロイトにおいては少女におけるエディプス・コンプレックスはもはや少年におけるそれの反対として構想されてはいない。最終的に、享楽を二つに分割すること、さらには性におけるファルスとは異なる対象aを導入したことで、ラカンは男性と女性の多種多様な愛情生活の精神病理においてみとめられる非対称性を説明するのである。

ボロメオの結び目

フロイトの論文では女性の問題は途中で放棄され、不透明なままに留まっていることを考慮に入れて、ラカンは別の享楽〔大文字の他者の享楽〕を導入した。それによってこれまでにラカンが主張してきたすべてを修正することになる。つまり、現実界、象徴界、想像界のあいだの関係から手をつけて、ファルスの周囲とは別のやり方でこの三つの境域を再編成する。

この三つの境域の結びつきを手直しするために、ラカンはトポロジー（位相幾何学）の図形であるボロメオの結び目に訴える。それは一九七二年二月九日にセミネール『あるいはもっと悪く』ではじめて提示された。

「ギルボー氏の講義を聴講している魅惑的な人」[*145]がラカンに「ボロメオ一族の紋章でしかありえないもの」[*146]を与えたのである。

翌年のセミネール『アンコール』の終わり[*147]において、ようやくラカンはこの結び目の特徴、三つの輪のうちの一つを切断するだけで残りの二つの輪はバラバラになるという特徴を取り上げる。ラカンは同じ講義でボロメオの輪から作られるボロメオの連鎖の図形を提示する。[*148]前年、ボロメオの結び目が初めて提示された講義では、「私は君に、私が贈ったものを拒絶するように要求します。なぜなら、それはそれではないからです」[*149]という定式に形式的表現を与えることが問題だった。その定式は愛の定式であり、ラカンが「恋文／壁文」[*150]と呼ぶものの定式である。というのも、定式

「なぜなら、それはそれではないからです」の中のそれは対象ａであるからである。対象ａはここでラカンが「ある要求が虚空から想定するもの」[*151]として定義するものである。

あらゆる要求の欲望の中でまさに対象ａが探し求められているのです。その対象は享楽を満足させるためにやってくるのですが、この享楽は分析的なディスクールの中で不適切にも性器的欲動と呼ばれるもののうちに想定されています。この性器的欲動では、一なるものが断固として大文字の他者のままでいるものと満たされた登録可能な関係に入ることが書き込まれているようなのです。[*152]

〔対象ａは〕四つに多様化されています。フロイトの発見にしたがって、それらが吸引対象〔乳房〕、排泄対象〔糞便〕、眼差しという対象、声という対象で様々に構成される限りでそうなのです。こうした対象が強く求められ、欲望の原因になるのは大文字の他者の代用物としてなのです。[*153]

しかし、性的関係は存在しない。話す身体だけが存在するのである。

対象ａのうちの相関物を互いに与えあう主体が存在します。つまりパロールの享楽としての享楽するパロールという相関物を互いに与え合う主体です。[*154]

こうして性別化の定式における対象aの位置がはっきりする。つまり、対象aは性別化の定式に見られる性的分割において主体に興味を抱かせるものであり、ラカンが鏡像段階に関して推敲を重ねたことを思い出せば、鏡に向かっている［まだ話さない］子どもの歓喜や享楽を呼び起こすものである。すなわち、他者の眼差しのもとで子どもが自分を対象として発見することなのである。したがって、小文字のaは主体がそれによって大文字の他者と関係しようと試みるものである。大文字の他者との関係、それは世界との関係であり、その世界とは主体が鏡において自分自身と対称的なものとして構築する世界である。この意味でラカンが強調するように対象aは非-性的な（性的な存在は存在しない）ものである。

ラカンが三つの境域、象徴界、想像界、現実界によって、三つの輪のそれぞれを指し示すのは、翌年のセミネール『欺かれぬ者たちは彷徨う』の最初の講義においてである。[*155] この図形では新しい点が導入された。すなわち、三つの境域は厳密に同等のものとなったのである。それ以前には、象徴界の優位が存在し、想像界は象徴界に従属していた。三界の同等性によって強調されるのは、六〇年代の終わり頃の幻想についての研究以降、ラカンの教育活動で告げられていたこと、つまり治療の目標の再方向づけである。以前に指摘したように、象徴化という過程としての分析療法の概念は、シニフィアンの集合を構成すること自体のうちに限界が見出される。というのも、ドイツロマン派がすでに注目していたように、ある語は別のもう一つの語を参照させることしかできないのであり、あるシニフィアンは他のシニフィアンを参照させるだけであって、この円環は治療における終焉を考察することを不可能にするからである。対象aを提唱することと想像的な次元を手直しすることで、幻想にはある別の道が開かれる。

＊＊＊

ボロメオの輪は、ラカンの弟子たちのあいだでも議論や論争を現在でも呼び起こしているが、ラカンは自らの教育活動の終わりまでこの輪に取り組むことになる。彼はこれまでに生み出された諸カテゴリーをボロメオの結び目によって切り分けられ交差した空間に記入していく。

大規模な団体となったパリ・フロイト学派は一九七四年ローマで第七回大会を開催した。一一月一日にラカンは「第三の女」と題された講演を行った。この講演では、奇妙なことに、ジェラール・ド・ネルヴァルの『幻想詩篇』の「時の女神たちの踊り」とも題される「アルテミス」という詩が参照されている。ちなみにネルヴァルの詩句は以下のように始まっている。

一三番目の女が戻る［……］。それはまた最初の女だ。[*156]

この論文でラカンは、ここで詳述することはできない注解とともに、ボロメオの結び目のエクリチュールをいくつか提案する。この図形の使用方法については次のようになっている。[*157]

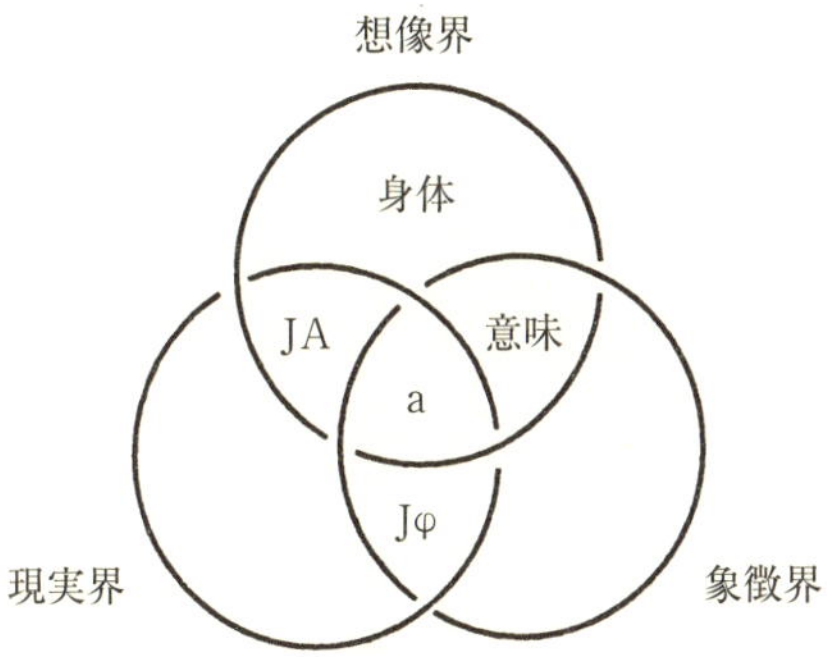

〔JA：大文字の他者の享楽、a：対象a（剰余享楽）、Jφ：ファルス的享楽。〕

同等な三つの輪は現実界、想像界、象徴界の次元に対応する。三つの輪は中心で対象aを締めつけている。想像的なものは身体と等しく、それは鏡像によって与えられる。現実界と象徴界の交差にファルス的享楽は書き込まれる。フロイトや初期のラカンはファルスを中心にした図式を考えていたが、新たなファルス的享楽の位置づけにより、その構図がずらされたことがわかる。このずらしによって、想像界と象徴界のあいだには意味が位置づけられ、これにラカンは新たな価値を見出す。さらに、小文字のaはというと、これは中心に位置する。というのも、この対象に「あらゆる享楽が接続されるからであり、この対象は三つの輪の交差する外部にある」[*158]からである。現実界と象徴界の交差にあるファルス的享楽は身体を越えたもの、つまり想像界の外部にあるものとして定義されている。意味〔の領域〕のように全体性というものは現実界の外に位置づけられる。象徴界には、決して解釈されない無意識には、何かがある。ラカンはそれを原抑圧と呼び、象徴界に穴をあけながら象徴界を構造化するとしている。最後に、大文字の他者の享楽は、語られえない享楽として性別化の定式ですでに図示されていたが、ここでは想像界と現実界の交差に位置づけられ、象徴界はそこに介在していない。「擬似的に性化」[*159]した大文字の他者の享楽は「存在せず、パロールを介して、とりわけ愛のパロールを介してしか存在することができない」[*160]。したがって、ファルス的享楽は身体の外部にあり、大文字の他者の享楽はランガージュの外部、象徴界の外にある。大文字の他者の享楽はそのものとしては不可能であり、フロイトのエロスに対する一つの限界である。というのも、大文字の他者の享楽は一つになるように誘うが、「いかなる場合でも、二つの身体は一つになることはできない」[*161]からである。すでに一九七四年の時点で、精神分析の未来に関わる目下最も重要な問題について、ラカンは次のような結論を出している。

精神分析の未来は、現実界から生じるものに依存しています。すなわち、例えば、こうした遊び道具が本当に手に入るかどうか、私たち自身がこうした遊び道具によって活動的になるかどうかなのです。*162

というのも、現代はこうした対象a〔遊び道具〕を多量に産出するからである。対象aとは、身体の多くの穴を塞ぐのに適した現代の消費物（消費の諸対象）であり、そうしたものが廃棄物として終わるなら、絶えず更新できるものである。あらゆる人にとっての享楽とは今日の社会の地平線上に記入された約束ではないのだろうか。

父というものについて

ラカンは自らの教育活動の終わり頃に理論の最終的な手直しを行った。それはラカンの理論全体に関わるものである。フロイトも自らの著作を書いているうちに父の問題に回帰したが、ラカンも当初非常に期待していたボロメオの結び目を使って父の問題へと立ち返った。

というのも、ボロメオの結び目でもって、問題となっているのは、父の地位であり、エディプスの問題をどのように越えていくのかという点であるからである。ラカンが父にその場所をあらためて与えたのは、精神分析の研究の全体的動向が母と子の早期の関係、前エディプス期の方へとつねに押し進められ、父性的な機能が忘れられていた時期である。つまり、ラカンは父の地位に、父性的な機能、ファルス、エディプスをもう一度結びつけたのである。そこからラカンは必要最低限ではあるが象徴的な次元をメラニー・クラインの練り上げた諸考察につけ加え修正するのである。しかしながら、ラカンの野望は、父が問題になっているにもかかわらず、エディプスを越える抜け道を見つけることではないのだろうか。とりわけ、対象aの機能についてつねにさらなる重要性を提唱し、ボロメオの結び目というトポロジーによって、エディプスを越えることではないのだろうか。重要なのは、分析療法の目標と終わりに関するフロイトの袋小路、つまり真理の問題、「去勢の岩」の問題を乗り越えることである。

上述した性別化の定式によって示されているのは次のことである。「一昔前、**父-の-名**は**RSI**［現実界、象徴界、想像界］の論理に吸収されていなかった。今日でも、父-の-名は性別化の定式に吸収されていない。同様に、かつては**RSI**の三つ組と**父-の-名**のあいだにはある隔たりがあったが、今も隔たりがあり、それは**父-の-名**とファルス的な機能に関する諸定式とのあいだの隔たりと同じではない」[*163]。というのも、フロイトとは異なり、ラカンは父を救おうとしないからである。かくして、彼は『トーテムとタブー』も「エディプス」も神話の次元にあるものと規定して、様々な構造に関係づける。さらに、この父‐の‐名の次元によって、ラカンは混同されていた、ファルス的な機能、象徴的な父、父性隠喩における父性の機能などを区別することになる。

ラカンは自らのものとは異なる指標を用いた臨床基準において提出された問題をつねに検討していた。そこではボーダーライン、つまり境界例など[*164]と命名された新しいカテゴリーが作られた。この新しい臨床カテゴリーは現代社会の臨床的な進展に対応するのだろうか。この進展を方向づけた構造的な指標を再検討することは必要ではないのだろうか。あるいはその時期のディスクールに結びついた新しい表現様式なのだと考えなければならないのだろうか。

父性隠喩の式[*165]では、父‐の‐名は象徴界に対して特殊な地位を保持していた。このシニフィアンは大文字の他者の内部にはないが、それを〔集合として〕成立させていた。父‐の‐名のこの次元をどのようにボロメオの結び目の中に位置づければよいのだろうか。それは象徴界の一要素なのか。しかし、それではこれまでにラカンが主張してきたことと矛盾しないだろうか。父‐の‐名は輪の交差によって生まれる結び目のうちの一つなのだろうか。ラカンは諸交差のうちの一つにそれを位置づけることができなかったように思われる。父‐の‐名はその特殊な位置ゆえ、三つの次元のうちの一つに厳密に書き込まれることはない。問題なのは三つの輪の命名である。三つの輪それぞれが同等であることで、三つの輪を区別できるようにするために、命名する審級が考案されねばならなかった。ラカンは三つの境域に対応する三つの命名から考察を始めた[*166]。しかし、それを諦め、四つの輪からなるボロメオの結び目を持ち出すことになった。第四の輪は命名するために必要な父-の-名の次元である。つまり、父とはまた命名する父でもある。命名は第四の要素には必要なのである。この第四の要素、第四の輪を、ラカンは命名がそこから生じる場である父-の-名として指定する。このことは命名が「穴」を生み出すという問題を提起する。

＊＊＊

父は死んだ父であると同時に享楽の番人でもある。死んだ父とは、大文字の他者における欠如の印、母における欠如の印であり、それは去勢の「側に」ある。子が埋めることのできるものを越えたところで、母が欲望するのは、享楽の欠如があるからである。これはいくつもの側面で理解されねばならない。つまり、それは子から取り上げられたものであり、母に欠けているものである。逆説的に見えるかもしれないが、この欠如はラカンからすれば母が禁止されていることの帰結ではない。というのも、欠如は禁止に先行するからである。子がエディプスに参入するのは欠如によってである。父の発する禁止は、この欠如に意味を与え、欲望を生み出すのである。そこにおいて、神経症者は「禁止をもろともしない」父がいるという幻想を構成していく。しかし、このことはまた、神経症者を法によって制限されていない享楽、先史の父の享楽へと送り返す。ラカンはジェイムズ・ジョイスとその作品を取り上げ、[*167] この新しい臨床と再評価した父の機能を検討するに至った。それはまた精神病を再び扱う好機ともなっている。

ジョイスを取り扱う際に、ラカンは構造主義的な手法を厳密には取らなかった。ラカンは作品だけに限定せずに、いつも以上に伝記的な情報に関心を示す。彼は症状の問題に戻りつつも、「症状」の昔の綴り「サントーム」をセミネールのタイトルに選ぶ。サントームはラカンに症状と症状の現れを区別することを可能にする。[*168] この新しいパースペクティヴにおける症状は非常に重要なものである。つまり、主体はどうしてもそれに固執し愛着をもつのである。というのも、それが主体を特徴づけるからである。治療は厳密に言えばサントームを対象とするのではない。このことはまたサントームの除去に関する一つの技法的な指示である。これまで症状とは、大文字の他者に対して自分が何であるのかという問いへの主体自身の答えとして構想されていた。この疑問は根本的であり、日常生活の精神病理が示しているのは、その問いがそれぞれの主体に繰り返し提起されているという事実である。フロイトが強調したように、症状とは代理的な性的満足を可能とする妥協である。それは大文字の他者の欲望という原初的な謎の場所にやってくる妥協なのである。分析家はこの謎を治療の中で体現する。ラカンは構造に応じて〔主体の〕疑問は異なると指摘したが、そうしたことを明確化する〔神経症に〕限定された臨床――例えば、疑問はヒステリー者にとっては〝女性とは何か〟あるいは〝私は男性なのか女性なのか〟であり、強迫神経症者にとっては〝私は死んでいるのか生きているのか〟など——は〔サントームに対して〕可能性はない。〔疑問の種類が問題なのではなく〕この場合、神経症では抑圧という本質的な形で問題になっているのは欠如であり、精神病では排除が問題なのである。排除とは生じていない父-の-名の機能であって、このような父-の-名は、原初的に意味を持たないものにその諸効果によって意味を与えにやっては来ることはないのである。

ジョイスの伝記を読めば、現実的な父親が欠如しているのがわかる。このことがジョイスを、自ら名をなさねばならないという意味で「父親を背負い込んだ」人物にする。そして、一つの修復の試みとしてラカンはジョイス作品を読んでいく。したがって、『ユリシーズ』においては、ありとあらゆる知識を駆使して、自らを父親にするように試みられるのであるが、[*169]〔父性隠喩の代わりに〕著作そのものが隠喩を構成している。「ジョイスが父親を否認しつつも父親に深く根を下ろしたままである」[*170] 仕方をラカンは時間をかけて注解して、ジョイスの作品の中にそうした痕跡を見出してくる。ラカンによれば、ジョイスは「存続するために父親の支え」[*171] となることを強いられている。ジョイスは大学の研究者が自分の作品を解明するのに三〇〇年はかかるだろうと語っていたが、こうした伝記的な要素をもとにして、ラカンが導き出したのは、ジョイスのうちには結び目を可能にした第四の輪があり、そのおかげでジョイスは決して精神錯乱を起こさなかったのだとされる。それに反して彼の娘は〔精神病院に〕収容された。四つめの輪、つまりラカンがサントームと題するものは、ジョイスの場合は娘に同一化された彼のエゴである。[*172]

ラカンは『フィネガンズ・ウェイク』にも立ち止まる。この作品はジョイスによって長きにわたって手を加えられた文字通り「進行中の作品」であるが、出版を目的として執筆されたものではなかった。それは機知の様態で絶えず戯れている多数の言語（ラング）の混合物であり判読が難しい。機知に富んでいるのにもかかわらず、この本が笑えないのは、そのような語呂合わせ、言葉遊びが他者に向けられていないからである。ラカンが指摘するところによれば、そこには享楽が存在するのである。その享楽は、幼い子どもたちが文字通りに単語を切り離したり構成し直したりしながら単語で遊ぶときに観察される享楽を思い起こさせる。ラカンは『フィネガンズ・ウェイク』を一つの症状として読む。その症状とは彼が現実的なものと規定する症状であり、もはや象徴的なものではない。ジョイスはそうした症状を構成し、それに同一化するのである。

> ジョイスにおける症状はどの点でもあなた方には関係のない症状なのです。あなた方の無意識に引っかかってくるようなことはまったくない症状です。[*173]

ジョイスには大文字の他者への想像的関係の欠如がある。ラカンはそれを立証するジョイスの伝記の様々なエピソードを強調する。例えば、同級生の一人がジョイスをめった打ちにしたが、彼は別に恨むわけでもなかったという逸話を参照する。

このように自分の身体への関係を変形させるので、あらゆる事柄が空になったことを彼は確認するのです。それは剥かれた皮のようだと彼は言うのです。[174]

このことはマゾヒズム的ではない。というのも、ジョイスはこのめった打ちを享楽していなかったからである。それは「固有の身体への関係が脱落する一形態である」[175]。神経症においては、第四の輪は父-の-名の輪である。というのも、「そのようなものとしてエディプス・コンプレックスは症状である」[176]からである。ジョイスにおいては、結び目を維持するのは彼のエゴである。芸術は「彼のファルス的な出で立ちを補った」[177]。父-の-名を例証しながら、ジョイスは自らを一つの名にする。ここでは享楽はファルス的ではない。父-の-名のこの排除(Verwerfung)は精神病を引き起こさず、何かがこの排除を補填しているのである。

神経症者にとって父は結局のところ症状にすぎない。自らの享楽が含まれた過ちにおいてこそ、神経症者は父を探し求めるのである。

あらゆるものが維持されるのは、**父-の-名**がまた名の父でもある限りですが、このことによっても症状はまだ必要ではあります。[*178]

この意味で、父-の-名は神経症者の世界を組織化する現実的なものの点である。

この時期にラカンが再評価する精神病者の治療は、それ以降、症状への同一化を可能にする「現実的なものの点」をもとにして、何かを再構成する可能性を考慮して方向づけられることになる。

第五章

最後に

1 ラカンの墓石(左)。2 墓地よりギトランクールを望む

る。科学のディスクールが、一九三八年以来強調されている「父性的イマーゴの社会的衰退」[*179]の原因であるとすれば、父性的な機能の必要性は宗教の問題、さらには精神分析家の無神論の問題を引き起こすのではないだろうか。ラカンは一九七六年に次のように述べている。

父への回帰は、それが再定式化されることにより、精神分析の目標が何かという問題を再燃させ

フロイトが強調するところでは、無意識の仮説は父-の-名を想定することによってしか維持されません。父-の-名を想定することとは、神〔を想定すること〕です。まさにそこでこそ、成功する精神分析は、父-の-名を利用するという条件で、父-の-名なしに済ますこともできることを証明するのです。[*180]

ラカンの最後のセミネール『トポロジーと時間』は一九七八年から一九七九年の講義である。ラカンは疲れているようであり、弟子たち（A・デディエ-ヴェイユ、J.-D.・ナシオなど）に話をさせている。時間の問題は前年にすでに言及されており、特別なものとして関心が持たれていた。一九八〇年一月、ラカンは二六年前に自らが設立したパリ・フロイト学派を解散する。ラカンの人生の晩年は、彼の健康状態や文字を書く能力、行為を実行する能力がどうであったのかについて様々な意見があり不明瞭になってしまっている。しかしながら、解散はラカンも賛同した行為であ

ったことは明白であるように思われる。[181] ラカンは一九八一年九月九日、外科手術の結果、この世を去った。

その後、ラカン派の運動はフランスや海外の多くの団体に広がった。[182] しかし、ラカンの作品の影響はその運動の限界をはるかに越えていく。というのも、ラカンの影響は異なった流派に属する分析家の諸概念だけでなく、精神分析の領野に属さない思想家たちの仕事をも方向づけたからである。[183]

ラカンがフロイトの経験を立て直したとすれば、それは彼が精神分析家の行動を決定するものを強調したからであり、精神分析家を「主体を欲望の秩序に導入する転換、根本的な倫理の転換という操作を委ねられている者」[184] として考えたからである。

ラカンにとっては、精神分析の倫理が存在する。すなわち、その倫理とは、精神分析に由来する倫理、分析家個人の分析に由来する倫理である。分析家が着手する治療における振舞いを方向づける諸原則は自分自身の分析から抽出されるのである。[185] フロイトもこうしたことに関心を寄せていた。フロイトは精神分析の技法に関する論文において、まとまりのない断片的な形で倫理に関することを述べている。フロイトが強調するのは「精神分析療法は真実性の上に立つものであり、そこにこそ、その教育的影響とその倫理的価値の大部分が起因している」[186] ということであり、分析家は患者に「自分たちの理想を押しつけ」[187] てはならず、「自分たちの像（イメージ）に合わせて患者を仕立て上げること」[188]をしてはならないということである。またフロイトは、精神分析家は患者の善を望んではならず、外科医のように「できるだけ巧みに手術を成し遂げることというただ一つの目的」[189]しか持ってはならないとも述べる。彼は「私は患者の手当をし、神がそれを癒し治すのである」[190]というアンブロワーズ・パレの格言を自らの格言とすることができよう。他にも例をもっと挙げることができるだろうが、ラカンの斬新さは「倫理」という語を提案したことにある。こうして、ラカンは精神分析で問題となる行為の次元を強調し、無意識的葛藤という概念に中心的な地位を与えるのである。この葛藤とは、例えば、欲動の二元性の対立であって、この二元論は日常の道徳においてもそれに対応する葛藤が常に見出される。それはフロイトが『文化への不満』で見出しているような葛藤であり――これについてはラカンは「性についての呪い」と語るのだが――、またフロイトの考えが深まるにつれ、次第に重要性を増していった罪悪感にも、こうした葛藤は見出される。

　この倫理は哲学の倫理の写しではない。というのも、精神分析は世界観を提示しないばかりか精神分析の中で至高善をなすものがあっても、それはまさしく禁止されているからである。つまり、

　　それ〔禁止された善〕以外の善はない。[191]

ラカンとっては、フロイトのメタ心理学には「倫理に関する思考」の痕跡がある。精神分析運動の現在の状況を検討するために重要なことをラカンはつけ加える。

> それ［倫理に関する思考］は分析家の仕事の中心に位置づけられるべきものです。そして、倫理に関する思考こそが、分析の共同体に代表されるような人々を支えるのです。[*192]

ラカンが言いたいのは、ここ最近の数十年で様々な精神療法の技法が世界に広まったが、現在この精神療法という用語が持つ意味において、精神分析と精神療法は区別できるということである。精神分析が一つの倫理であると言うことは、精神分析を哲学や科学および心理学としても位置づけないことをも意味する。ラカンの教育活動が問いかけてくるのは「分析をしているとき、自分たちは何をしているのか」[*193]であり、彼の教育活動全体はそれに答える試みとして読むことができる。この問いかけは「精神分析は科学なのか」あるいは「精神分析を含んでいる科学とは何か」[*194]といったさらなる問いにも交わっている。精神分析における主体の地位とその対象の地位のために、精神分析はおそらく諸科学の中に位置づけられないというのがラカンの見解であったが、しかし同時に科学との関係はラカンにとっては必要不可欠であった。精神分析は科学に属するものであり、精神分析はその出現の条件から科学に結ばれており、科学が成立するために科学自体が遠ざけたものを確保しようとする。

さらに、精神分析は現代とは何かを問うことができよう。つまり、科学のディスクールが発展したことによる現代とその様々な帰結についてである。例えば、ラカンは医者たちに向かって、身体とは様々な器官からなる機械的な寄せ集めであるだけでなく「享楽するために」[*195]もあるのだと語り、医学会の会場を騒然とさせた。身体との関係の中に、そして〔小文字の〕他者との関係の中に、パロールは還元しようのない不調和を導入するのである。

同様にラカンは、当時の状況を鑑みれば驚くべき予測だが、一九七〇年代から人種差別主義の高まりも予告しており、その理由は次のようなものであった。

人々の享楽の行方がわからなくなったとき、その享楽を位置づけるのは大文字の他者しかありません。しかし、それは人々が大文字の他者から切り離されている限りにおいてです。そこから、人が混ざり合っていたときには存在しなかった諸幻想が生じるのです。[*196]

大文字の他者、それは性の向こう側にある。というのも、もし性的関係が存在しないのなら、この大文字の他者とは別の人種に属するということになるからである。

> ［というのも］この大文字の他者を大文字の他者のやり方で享楽させておくということは、自分たちの〔享楽の〕様態を大文字の他者に押しつけないこと、大文字の他者を未発達のものとは見なさないことでしか可能にならないことなのです。[*197]

ラカンはすでに強制収容所に幾度も言及していたが、これもまた科学の発展の帰結の一つと考えられている。

科学は知の完全な伝達のモデルを提供するが、経験の地位そのものが回避できない精神分析に関してはどうなのであろうか。

精神分析家の養成の問題はパリ・フロイト学派（École Freudienne de Paris：EFP）創設の原因となったものだが（第四章参照）、パスの制度[*198]が導入されたことで、この問題はパリ・フロイト学派を揺るがす結果となった。パスとは一九七六年にラカンによって作られた手順であり、分析主体から分析家への移行が問われている。もし精神分析家の養成が、一つの技法を習得するといったものではなく、何よりもまず分析の効果として考えられるのであれば、伝統的な意味での教育分析という用語は時代遅れとなるのである。というのも、分析はその諸効果、つまり事後性においてしか教育的な分析であったことが明らかにならないからである。また、最初から治療の効果を規定しようにもできないであろう。分析家の欲望の出現が治療の産物以外の仕方では考えられないので、ラカンは分析家の養成は存在せず、ただ無意識の形成物だけがあるとまで書くことになる。しかしながら、治療の中で起こる分析家への移行は何かによって評定できなければならない。〔そこで〕ラカンはある手順を考案する。それは自らの分析の特別な点に到達した分析主体が、同じ点にいると想定された別の二人に対してその証言を与え、その二人は一人の審査員にその証言を説明するというものである。この手順の独創性は間接的な証言を媒介することにある。

「精神分析家は自分自身によってのみ認定される」[*199]とラカンは言う。つまり、パスの審査員も、制度的な装置のいかなる決定機関も、実践の許可証を交付しないのである。当初はこの定式は単なる事実でしかなかった。精神分析家として訓練を積んでいる精神科医、臨床精神療法家などは〔すでに患者を診察したり面接したりしていたが〕、特別委員会の許可証をもらう以前には精神分析を実践しない契約にサインしていた。しかし、患者を引き受けたときに、どうやって患者を傾聴するのだろうか。自分自身の精神分析から引き出したものをわきに置いておいて患者の話を聴くのだろうか。精神分析家は、組織を根拠とせず、ひとりで自分の行為を保証する位置にいるのである。ラカンはこの定式に追加事項を加えることになる。自分自身のみでなく、他のものによっても認定されるとして、まずは自らの分析家、分析家とともに進めてくることができた分析、そしてスーパーヴァイザー、分析の共同体なども付記された。

自らの学派を解散する少し前、ラカンはパスは失敗であると総括する。そのような定式は自動的にその経験を無効にするものではなく、それだけで考察に値するものである。

ラカンの理論的な努力は、彼の実践や精神分析の伝達の計画と切り離すことはできない。精神分析は一つの実践であり、方法であって、理論を応用した実践ではないのである。精神分析の実践を把握すること、「神経症さらには倒錯から治る人々がいるということ」[*200]を把握することは、理論的な努力によって簡単に説明されることではない。ラカンは一九七八年七月九日に次のように述べる。「それについては〔理論的に〕いろいろ説明しましたが、結局それについては何もわからないのです」[*201]。結局のところ、「精神分析は伝達不可能なのです」[*202][*203]。

この結論は精神分析家たちにとって明白である。つまり、探究されるべきは内容ではなく責任に関わる問題なので、各々の分析家は自分自身のために答えることを、そして、自分自身を保証することを求められる。

> 精神分析を新たに生み出すことはそれぞれの精神分析家に課されています。各々の精神分析家は、精神分析主体だった頃に引き出しえた事項をもとに、精神分析が持続するための方法を生み出さねばなりません[*204]。

精神分析家とは、それぞれの治療において、精神分析を保証する位置にいる人であり、精神分析のために答える位置にいる人なのである。

それでは上述の諸学問はどうなるのだろうか。ラカンはそこから多くを借用しつつも、しばしば衝突し、無意識の仮説ゆえにこうした学問の体系性と一貫性を転覆させることを厭わなかったが、これは精神分析とは無関係になったのだろうか。もしそうなったとしたら、いったい誰がラカンの研究を参照するのだろうか、あるいは誰が彼の研究から着想を得るのだろうか。

こうした学問の研究者は、ラカンがフロイトと一緒にまたはフロイト以後に展開させた事柄の中に、新たに生み出すべき題材を見出すことができる。そして、学問的な限界に身をさらせば、現代とは何か、そして現代という時代が主体性にもたらす効果にはいかなるものがあるのかという問いへの道筋を見出すことができるであろう。しかし、ラカンの作品全体の流れは、精神分析それ自体の動きの流れであり、比類のないこの経験を語るために絶え間なく特殊なシニフィアンを導き出してくる運動であった。というのも、こうしてラカンが切り拓いた道は、ベンヤミンの言う意味での経験（これはそれほど流行らなくなっているとベンヤミンは看取しているのだが[*205]）ゆえに、ある可能性を維持する場を限定し支えているからである。その可能性とは、いまのところ代置不可能であり、願わくば還元不可能である、精神分析という経験の可能性である。

このことこそ、本書で簡便に展開してきた内容によって理解していただけたと期待している。

文献目録

〔本書がフランスで出版されて以降、新たに出版されたラカンの著作がある等の理由から、原書の目録を訳者が改変したことをお断りしておきたい。〕

1　ジャック・ラカンの著作

Écrits, Paris, Seuil, 1966.（＝『エクリ』（I・II・III）宮本忠雄・佐々木孝次他訳、弘文堂、一九七二年〜一九八一年）

Télévision, Paris, Seuil, 1974.（＝『テレヴィジオン』藤田博史・片山文保訳、青土社、一九九二年）

De la psychose paranoïaque dans ses rapports avec la personnalité, Paris, Le François, 1932 ; rééd. Paris, Seuil, 1975.（＝『人格との関係からみたパラノイア性精神病』宮本忠雄・関忠盛訳、朝日出版社、一九八七年）

Autres écrits, Paris, Seuil, 2001.

Le triomphe de la religion précédé de Discours aux catholiques, Paris, Seuil, 2004.

Des noms-du-père, Paris, Seuil, 2005.

Mon enseignement, Paris, Seuil, 2005.

Le mythe individuel du névrosé, Paris, Seuil, 2007.

Je parle aux murs : entretiens de la chapelle de Sainte-Anne, Paris, Seuil, 2011.

« Motifs du crime paranoïaque : le crime des sœurs Papin », in *Le Minotaure*, 1933-34, n° 3/4, pp. 25-28.（＝「パラノイア性犯罪の動機　パパン姉妹の犯罪」『二人であることの病い　パラノイアと言語』宮本忠雄・関忠盛訳、朝日出版社、一九八四年）

« Le problème du style et la conception psychiatrique des formes paranoïaques de l'expérience », in *Le Minotaure*, 1933, n° 1, pp. 68-69.（＝「様式の問題――およびパラノイア性体験形式についての精神医学的考察」『二人であることの病い　パラノイアと言語』宮本忠雄・関忠盛訳、朝日出版社、一九八四年）

« La famille le complexe, facteur concret de la psychologie familiale. Les complexes familiaux en pathologie », in Encyclopédie Française, Paris, Larousse, 1938, tome VIII, n°s 40-42 ; rééd. Paris, Navarin, 1984.（＝『家族複合』宮本忠雄・関忠盛訳、朝日出版社、一九八六年）

« Joyce, le symptôme I » in *Joyce avec Lacan*, Paris, Navarin, 1987.

« Joyce, le symptôme II » in *Joyce avec Lacan*, Paris, Navarin, 1987.

Les écrits techniques de Freud. Le Séminaire. Livre I,（1953-1954）texte établi par J.-A. Miller, Paris, Seuil, 1975.（＝ジャック＝アラン・ミレール編『フロイトの技法論』（上・下）小出浩之・鈴木國文・小川豊明・小川周二・笠原嘉訳、岩波書店、一九九一年）

Le Moi dans la théorie de Freud et dans la technique de la psychanalyse. Le Séminaire. Livre II,（1954-1955） texte établi par J.-A. Miller, Paris, Seuil, 1978.（＝ジャック＝アラン・ミレール編『フロイト理論と精神分析技法における自我』（上・下）小出浩之・鈴木國文・小川豊明・南淳三訳、岩波書店、一九九八年）

Les psychoses. Le Séminaire. Livre III,（1955-1956）texte établi par J.-A. Miller, Paris, Seuil, 1981.（＝ジャック＝アラン・ミレール編『精神病』（上・下）小出浩之・鈴木國文・川津芳照・笠原嘉訳、岩波書店、一九八七年）

La relation d'objet et les structures freudiennes. Le Séminaire. Livre IV,（1956-1957）texte établi par J.-A. Miller, Paris, Seuil, 1994.（＝ジャック＝アラン・ミレール編『対象関係』（上・下）小出浩之・鈴木國文・菅原誠一訳、岩波書店、二〇〇六年）

Les formations de l'inconscient. Le Séminaire. Livre V,（1957-1958）texte établi par J.-A. Miller, Paris, Seuil, 1998.（＝ジャック＝アラン・ミレール編『無意識の形成物』（上・下）佐々木孝次・原和之・川崎惣一訳、岩波書店、二〇〇六年）

Le désir et son interprétation. Le Séminaire. Livre VI,（1958-1959）texte établi par J.-A. Miller, Paris, Seuil, 2013.

L'éthique de la psychanalyse. Le Séminaire. Livre VII,（1959-1960）texte établi par J.-A. Miller, Paris, Seuil, 1986.（＝ジャック＝アラン・ミレール編『精神分析の倫理』（上・下）小出浩之・鈴木國文・保科正章・菅原誠一訳、岩波書店、二〇〇二年）

Le Transfert. Le Séminaire. Livre VIII,（1960-1961）texte établi par J.-A. Miller, Paris, Seuil, 1991.

L'angoisse. Le Séminaire. Livre X,（1962-1963）texte établi par J.-A. Miller, Paris, Seuil, 2004.

Les quatre concepts fondamentaux de la psychanalyse. Le Séminaire. Livre XI,（1964）texte établi par J.-A.

Miller, Paris, Seuil, 1973.（＝ジャック＝アラン・ミレール編『精神分析の四基本概念』小出浩之・鈴木國文・小川豊明・新宮一成訳、岩波書店、二〇〇〇年）
D'un Autre à l'autre. Le Séminaire. Livre XVI,（1968-1969）texte établi par J.-A. Miller, Paris, Seuil, 2006.
L'envers de la psychanalyse. Le Séminaire. Livre XVII,（1969-1970）texte établi par J.-A. Miller, Paris, Seuil, 1991.
D'un discours qui ne serait pas du semblant. Le Séminaire. Livre XVIII,（1971）texte établi par J.-A. Miller, Paris, Seuil, 2007.
...ou pire. Le Séminaire. Livre XIX,（1971-1972）texte établi par J.-A. Miller, Paris, Seuil, 2011.
Encore. Le Séminaire. Livre XX,（1972-1973）texte établi par J.-A. Miller, Paris, Seuil, 1975.
Le Sinthome. Le Séminaire. Livre XXIII,（1975-1976）texte établi par J.-A. Miller, Paris, Seuil, 2005.

2　ジャック・ラカンの未刊行の著作

L'identification. Le Séminaire, Livre IX.（1961-1962）.
Problèmes cruciaux pour la psychanalyse. Le Séminaire, Livre XII.（1964-1965）.
L'objet de la psychanalyse. Le Séminaire, Livre XIII.（1965-1966）.
La logique du fantasme. Le Séminaire, Livre XIV.（1966-1967）.
L'acte analytique. Le Séminaire, Livre XV.（1967-1968）.

Le savoir du psychanalyste, exposés à l'hôpital Sainte-Anne (1971-1972).
Les non-dupes errent. Le Séminaire, Livre XXI. (1973-1974).
R. S. I. Le Séminaire, Livre XXII. (1974-1975).
L'insu que sait de l'une-bévue s'aile à mourre. Le Séminaire, Livre XXIV. (1976-1977).
Le moment du conclure. Le Séminaire, Livre XXV. (1977-1978).
La topologie et le temps. Le Séminaire, Livre XXVI. (1978-1979).

3　ジャック・ラカンに関する著作

非常に多くある研究書の中からいくつかを選択した。こうした研究書はラカンの著作を読むのに役立つだろう。

Allouch J., *Marguerite ou L'Aimée de Lacan*, Paris, E.P.E.L., 1993.
André S., *Que veut une femme ?*, Paris, Navarin, 1986.
Aubert J. (dir.), *Joyce avec Lacan*, Paris, Navarin, 1987.
Chaboudez G., *Le concept du phallus dans ses articulations lacaniennes*, Paris, Lysimaque, 1994.
Chemama R. (dir.), *Dictionnaire de la psychanalyse*, Paris, Larousse, 1995.（＝ロラン・シェママ編『精神分析事典』小出浩之・加藤敏・新宮一成・鈴木國文・小川豊昭他訳、弘文堂、一九九五年）

DARMON M., *Essais sur la topologie lacanienne*, Paris, Éditions de l'Association freudienne, 1990.

DOR J., *Introduction à la lecture de Lacan*, t. 1 : L'inconscient structuré comme un langage, Paris, Denoël, 1985.（＝ジョエル・ドール『ラカン読解入門』小出浩之訳、岩波書店、一九八九年）; t. 2 : La structure du sujet, Paris, Denoël, 1992.

FALADÉ S., «*Repères structurels des névroses, psychoses et perversions*» in Esquisses Psychanalytiques, n° 7, printemps 1987.

GARATE I., MARINAS J.-M., *Lacan en Castellano*, Madrid, Quipu, 1996.

JULIEN Ph., *Pour lire Jacques Lacan, le retour à Freud*（1985-90）, Paris, Seuil, 1995.（＝フィリップ・ジュリアン『ラカン、フロイトへの回帰――ラカン入門』向井雅明訳、誠信書房、二〇〇二年）

MILLER G.（dir.）, *Lacan*, Paris, Bordas, 1987.

MILNER J.-C., *L'œuvre claire*, Paris, Seuil, 1995.

KAUFMANN P.（dir.）, *L'apport freudien*, Paris, Bordas, 1993.（＝ピエール・コフマン編『フロイト&ラカン事典』佐々木孝次監訳、弘文堂、一九九七年）

NANCY J.-L., LACOUE-LABARTHE Ph., *Le titre de la lettre*, Paris, Galilée, 1973.

NASIO J.-D., *Cinq leçons sur la théorie de Jacques Lacan*, Paris, Rivage, 1992.（＝ジュアン＝ダビッド・ナシオ『ラカン理論――5つのレッスン』姉歯一彦・榎本譲・山崎冬太訳、三元社、一九九五年）

PORGE E., *Les Noms du Père chez Jacques Lacan. Ponctuation et problématiques*, Toulouse, Érès, 1997.

ROUDINESCO E., PLON M., *Dictionnaire de la psychanalyse*, Paris, Fayard, 1997.

SAFOUAN M., *Études sur l'Œdipe. Introduction à une théorie du sujet*, Paris, Seuil, 1974.

MILLER J., *Album Jacques Lacan*, Paris, Seuil, 1991. Iconographie recueillie par la fille de Lacan.

ROUDINESCO E., *Jacques Lacan. Esquisse d'une vie, histoire d'un système de pensée*, Paris, Fayard, 1993. Biographie et introduction à l'œuvre de Lacan.（＝エリザベト・ルディネスコ『ジャック・ラカン伝』藤野邦夫訳、河出書房新社、二〇〇一年）

ROUDINESCO E., *Histoire de la psychanalyse en France*, t. 1 (1982) ; t. 2 (1986), Paris, Fayard, 1994.

＊日本語で読めるラカンの著作は、以下の日本ラカン協会のホームページを参照のこと。
http://slj-lsj.main.jp/biblio.html

注

*1　訳注　実際に出版されたのは一八九九年だが、出版社は一九〇〇年の出版とした。

序論

*2　オーソン・ウェルズの映画『市民ケーン』の冒頭で息を引き取るチャールズ・フォスター・ケーンが発した言葉。観客はこの Rosebut という言葉を映画の最後に発見することになるが、それは少年チャールズが偉人になるために幼少期から引き離されるとき、彼が置き忘れたソリに刻まれていたロゴである。映画の登場人物たちはこの言葉の糸口を探求するが、それについて何も知ることはない。

*3　訳注　Entretien avec Pierre Daix du 26 novembre 1966 publié dans *Les Lettres Françaises* n° 1159 du 1er au 7 décembre 1966.

*4　ラカン「精神分析における言葉《パロール》と言語《ランガージュ》活動の機能と領野」、『エクリⅠ』（弘文堂、一九七二年）、四三八頁。

*5　第五章参照。

第一章　道しるべ

*6　E. Roudinesco, *Histoire de la psychanalyse en France*, t. I (1982) ; t. II (1986), Paris, Fayard, 1994.

*7　第二章参照。

*8　ラカン「精神分析における言葉《パロール》と言語《ランガージュ》活動の機能と領野」、前掲書。

*9　訳注　J. Lacan, « Le symbolique, l'imaginaire et le réel » in *Des noms-du-père*, Paris, Seuil, 2005, p. 13.

*10　象徴界は、ランガージュ（言語活動）に相当し、またレヴィ＝ストロースによって社会集団の内部にある交換を組織しているると解された機能に相当する。想像界は似姿（同胞）のイメージへの関係、「身体そのもの」への関係を指し示している。現実と区別されるべき現実界は象徴界の効果である。すなわち、現実界とは象徴界が自らを設立しつつ排出するものなのである。ラカンは以上の定義を一九五三年に提案している。こうした定義は本書のあとで展開され、明確化される。
*11　第二章参照。
*12　注50を参照。
*13　このことは明白なパラドクスとなる。なぜなら初期におけるラカンの野望は、構造言語学によって精神分析に一つの科学としての地位を与えることだったからである。物理学にとって数学が果たしている役割を精神分析にとって演じるのは構造言語学なのである。
*14　フロイト「ある幼児期神経症の病歴より」、『フロイト著作集9』（人文書院、一九八三年）。
*15　ラカン「一九五六年における精神分析の状況と精神分析家の養成」、『エクリII』（弘文堂、一九七七年）、一九九頁。
*16　訳注　J. Lacan, « Le symbolique, l'imaginaire et le réel », *op. cit.*, p. 16.
*17　訳注　*Ibid.*, p. 26.
*18　訳注　*Ibid.*, p. 29.
*19　訳注　*Ibid.*, p. 34.
*20　訳注　*Ibid.*
*21　訳注　*Ibid.*, p. 36.
*22　訳注　*Ibid.*
*23　ラカン「精神分析における言葉《パロール》と言語活動《ランガージュ》の機能と領野」、前掲書、三四三頁。
*24　訳注　同右、三三五頁。

*25　訳注　同右、三四三頁。

*26　ソシュールについては、第三章参照。

*27　以下を参照のこと。*Freud et Moïse: écritures du père*, 1. B. Lemérer, *Les deux Moïse de Freud* (*1914-1939*), 2. S. Rabinovitch, *Écritures du meurtre*, 3. F. Balmes, *Le nom, la loi, la voix*, Toulouse, Érès, 1997.

*28　訳注　ラカン「精神分析における言葉《パロール》と言語活動《ランガージュ》の機能と領野」、前掲書、三八〇頁。

*29　どのような理論的な教育活動も精神分析を作り上げることはないとフロイトは考えるが、この考えに論拠を与えるのは、ただ分析という治療の経験だけが無意識が存在するという確信や信仰を与えることができるということである。

*30　訳注　ラカン「精神分析における言葉《パロール》と言語活動《ランガージュ》の機能と領野」、前掲書、三三〇頁。

*31　訳注　同右。

*32　転移は、分析主体から分析家への関係を特徴づけている、分析的な治療の根本的な要素である。それは無意識的欲望が現実化していく過程をなす。つまり、情動はある表象から別の表象に移り、分析家という人物はエディプス・コンプレックスの中に含まれる人物たちの一つの場所を占めるので、情動の対象となることができる。たしかに、主体は人生と分析の中で、自らの性向や幻想を繰り返すが、その最初の幼児期の原版は抑圧されている。ラカンは転移とは「無意識の行為化」であると主張するにいたる。転移は治療の原動力であると同時に、想像的な側面においては抵抗である。それは表象、つまりシニフィアンだけでなく、現実界の次元をも巻き込んでいる。現実界は、治療において起こることを見定めるための逆転移（分析家における患者のディスクールの様々な効果）という用語を不十分なものにする。転移／逆転移という一組は、想像的すぎる対称的な分析主体と分析家の関係という概念を導き出すのである。

*33　訳注　ラカン「精神分析における言葉《パロール》と言語活動《ランガージュ》の機能と領野」、前掲書、三三二頁。

*34　ラカンは分析技法にいくつかの修正をもたらした。それはとくに面接時間の長さに関するものである。国際精神分

析協会では四五分ないし五〇分という固定された面接時間が標準的であると規定されている。しかしながら、ラカンは句読法という概念と可変的な時間の面接を導入した。［ラカンによる］面接時間は年を経るごとに短くなっていった。そして、弟子たちが組織的に短時間面接を行ったために、議論の余地があるものの、新しい基準が生まれたのである。その原理はラカンの象徴界についての理論形成と一貫性を保持している。あらゆるパロールの発声、あらゆる言語的なコミュニケーションは、先取りと遡及の二重の動きを想定している。先取りとは、話す主体が自らの産出する言表を構成する単語を配置しつつ、これから言うことを先取りするからであり、遡及とは、意味は文章の句読点、区切り（スカンシオン）によってしか与えられないからである。面接の中断に相当する句読法すなわちスカンシオンは分析家に課されている。つまり、句読法は意味を産出するものであり、時計［物理的な時間］を模範にすることはできないのである。

*35 訳注　ラカン「精神分析における言葉《パロール》と言語活動《ランガージュ》の機能と領野」、前掲書、三三三頁。

*36 訳注　同右、三六二頁。

*37 同右、三五三頁。

*38 訳注　同右、三五四頁。

*39 訳注　同右。

*40 訳注　同右、四〇七頁。

*41 ラカンはここでコジェーヴの教育を受けながら読解したヘーゲルを拠り所としている。アレクサンドル・コジェーヴ『ヘーゲル読解入門――『精神現象学』を読む』（国文社、一九八七年）を参照のこと。

*42 訳注　ラカン「精神分析における言葉《パロール》と言語活動《ランガージュ》の機能と領野」、前掲書、四〇一頁。

*43 この部分に関しては、エリザベト・ルディネスコ『ジャック・ラカン伝』（河出書房新社、二〇〇一年）を参照のこと。

*44 以下を参照。Patrick Landman, *Freud*, Paris, Les Belles Lettres, 1997.

*45 より詳しくは、『人格との関係からみたパラノイア性精神病』（朝日出版社、一九八七年）の中の「学術研究の概要報告」と題された付属文書［この文書は邦訳に収録されていない］、あるいは Joël Dor, *Nouvelle bibliographie des travaux de Jacques Lacan*, Paris, E.P.E.L., 1994 を参照のこと。

*46 最初に一九三二年にル・フランソワ社から出版され、一九七五年にスイユ社から再版される。

*47 ラカン『セミネール第一巻 フロイトの技法論（上）』（岩波書店、一九九一年）、一二〇頁。

*48 訳注 folie à deux は「二人であることの病い」等とも訳され、感応精神病（imposed psychosis）とほぼ同義であり、DSM-IV では共有精神病性障害（shared psychotic disorder）、ICD-10 では感応性妄想性障害（induced delusional disorder）として記されている。

第二章 想像界

*49 ラカン『家族複合』（哲学書房、一九八六年）。

*50 フロイトは心的装置のモデルを二つ提案した。第一のものは無意識-前意識-意識系で構成された一九〇〇年のモデルであり、第二のものは自我-エス-超自我という三つの審級で構成された一九二三年のモデルであり、欲動理論の修正と、生の欲動と死の欲動という新しい二元論の導入の後に提出された。第一のモデルから第二のそれに記述を移行させる時期に、フロイトは精神病の研究からナルシシズムの問題に取りかかった。

*51 ラカン「〈わたし〉の機能を形成するものとしての鏡像段階――精神分析の経験がわれわれに示すもの――」、『エクリI』（弘文堂、一九七二年）を参照のこと。

*52 訳注 ラカン「ダニエル・ラガーシュの報告「精神分析と人格の構造」についての考察」、『エクリIII』（弘文堂、一九八一年）、一二八頁。

*53 訳注 ラカン「〈わたし〉の機能を形成するものとしての鏡像段階――精神分析の経験がわれわれに示すもの――」、前掲書、一二五頁。

*54　訳注　同右、一二六頁。
*55　ラカン『セミネール第三巻　精神病（上）』（岩波書店、一九八七年）、六三頁。
*56　訳注　アンリ・ブアス（一八六六年〜一九五三年）。フランスの科学者。トゥールーズ大学教授。主著に *Bibliothèque scientifique de l'ingénieur et du physicien* (1912-1931) がある。ラカンが光学的シェーマを説明するのに参照したのは、*Optique et photométrie dites géométriques*, Paris, Librairie Delagrave, 1947 である。
*57　実像はスクリーンがあるときにだけしか観察されない。
*58　ラカン「ダニエル・ラガーシュの報告「精神分析と人格の構造」についての考察」、前掲書、一二六頁。
*59　同右、一二八頁。
*60　部分対象という概念はカール・アブラハム（一八七七年〜一九二五年）に負っており、部分欲動の対象を指している。それは身体の諸部分、そうしたものの象徴的等価物、さらにはこの部分対象に同一視されうる全体としての人格である。ラカンはこの概念を修正し批判する。ラカンが批判するのは、部分という用語に含まれる全体という概念への準拠のためである。光学的シェーマが示しているように、全体はそれが含み込んでいる諸部分とは異質なのである。第四章参照。
*61　ここでは鏡像段階の書き換えが問題になっている。ラカンの「ダニエル・ラガーシュの報告「精神分析と人格の構造」についての考察」（『エクリIII』）および『セミネール第一一巻　精神分析の四基本概念』（岩波書店、二〇〇〇年）を参照のこと。
*62　フロイトにとっても他者への関係は主体の構成において根本的な重要性をもつ。ラカンは小文字の他者、すなわち似姿（同胞）、想像的なパートナー、同一化の現象が一緒に行われるところの人物と、大文字の他者、つまり象徴界の構造の本質的な場所とを区別する。突き詰めれば、象徴界はランガージュと見なすことができ、小文字の他者を越えてあらゆる人間関係に介在する。
*63　ラカン『セミネール第一一巻　精神分析の四基本概念』、前掲書、一八九頁。

*64　ラカンは象徴的な審級である自我理想と想像界に属する理想自我を区別する。下記同章参照。
*65　対象の喪失の際に、主体が構成されながら主体が同一化する目立たない要素を指し示すために、ラカンが提案するフロイトの einziger Zug の訳語。
*66　ラカン『セミネール第一一巻　精神分析の四基本概念』、前掲書、一四〇頁。
*67　同右、一四一頁。
*68　同右。
*69　エルヴィン・パノフスキー『「象徴（シンボル）形式」としての遠近法』（哲学書房、一九九三年）。
*70　同右、五六頁。
*71　訳注　同右、五六頁。
*72　アナモルフォーズとはある物体の歪曲された像（イメージ）で、曲面鏡の反射によってその像を得ることができる。
*73　訳注　具体的な行為としては描面と対峙するのではなく描面を横から見ること。
*74　第四章参照。
*75　ラカン「ダニエル・ラガーシュの報告「精神分析と人格の構造」についての考察」、前掲書、一三三頁。
*76　ここでフッサールとの近接性を確認しておきたい。ジャン・ミッシェル・サランスキーによれば、現象学的還元「以後」とは次のようなものとなっている。「自然的態度が当然のものと見なしている、世界の［現象学的還元前の］対象、たとえば木やテーブルといったものは、内在性のうちに痕跡を残している。つまり、内在性のうちに粗描として溶け込んでいるのである。内在性の中では、木のある「ところに」、私に対して多様な木の粗描が呈示される。すなわち、様々な樹木の側面と、様々な光度のもとに樹木が私に現前してくるのである。私と現象学的還元以前の事物との内在的関係は、刹那の生きられた体験の瞬間性のうちには収まらない。この内在的関係は、様々に異なる粗描が知覚的繋がりの状況次第で変容していき、ひとつひとつ移り変わりながら、生み出されていく。はじめの分析においては、私の木との関係が成立するのは、木がつねに**一つ**で**同一のもの**として措定されていることのうちにあった。こ

れは**超越論的**なものとして見なされる実体の内在性における現前の典型例である……。こうした実体は完全には十全な直観のうちには与えられない。それが与えられるのは、粗描の多様性のうちで分割されることによってである。しかもその粗描のどれもが構造的に不完全なままなのである」。J.-M. Salanskis, *Husserl*, Paris, Les Belles Lettres, 1998, p. 44.

*77 フロイト「ナルシシズム入門」、『フロイト著作集5』（人文書院、一九六九年）。

*78 訳注 ラカン『セミネール第三巻 精神病（上）』（岩波書店、一九八七年）、二四一頁。

*79 新しいパースペクティブにおいて、ラカンはこの想像界の次元に戻ることになる。第四章参照。

*80 フィリップ・ジュリアンが自らの著作『ラカン、フロイトへの回帰——ラカン入門』（誠信書房、二〇〇二年）で見事に辿っていたのはこの動向である。

第三章 象徴界

*81 フロイト「分析医に対する分析治療上の注意」、『フロイト著作集9』（人文書院、一九八三年）、七八頁。

*82 ラカン「〈わたし〉の機能を形成するものとしての鏡像段階——精神分析の経験がわれわれに示すもの——」、前掲書、一二二頁～一二三頁。

*83 以下を参照のこと。ラカン『セミネール第一巻 フロイトの技法論（上下）』、前掲書。

*84 ラカン「精神分析における言葉《パロール》と言語活動《ランガージュ》の機能と領野」、前掲書、三四三頁。

*85 ラカン『セミネール第二巻 フロイト理論と精神分析技法における自我（下）』（岩波書店、一九九八年）、一一八頁。

*86 同右、一一九頁。

*87 訳注 同右文献の一一八頁でラカンは次のように述べている。「主体といっても分析的主体であって、全体としての主体ではありません」。

*88　ラカンは「主体が個人の全体性に分割を導入するので、この全体性への完全な参照に反論する」最初の分割を指摘している。この分割は意識と無意識を区別するのと同じく自我と主体を区別する。主体はあるシニフィアンによって表象されねばならない。このシニフィアンのもとで消失する前は、主体は何物でもない（下記参照）。シニフィアンは大文字の他者において呼び出されたもう一つのシニフィアンに対して主体を表象する。この操作（演算）が疎外であり、必然的な帰結として二つ目の操作（演算）分離を伴う。それは主体の「裂け目」に相当する。というのも、大文字の他者においては主体の存在の問題への解答はないからである。出会われるのは大文字の他者の欲望であり、すなわち、それは主体の幻想がそこから構成される彼の欠如である。ラカンは二つの操作を「大文字の他者の場のシニフィアンに依存しながら主体が実現されていくにあたっての操作」（ラカン『セミネール第一一巻　精神分析の四基本概念』、前掲書、二七五頁）として指定している。

*89　一九六七年にラカンは、転移は間主観的関係の可能性に反対する立場のものであると主張することになる。

*90　アレクサンドル・コイレ『ガリレオ研究』（法政大学出版局、一九八八年）。

*91　近代科学は物理学の数学的な形式化で誕生する。デカルトにおいても同様である。「方法とは、形而上学から独立した妥当性を持ち、かつ原初的な真正に表明された人間理性に内在的な確実性に直接に根拠をおくものとして、つまり数学として提示されている」。M. Guéroult, *Descartes selon l'ordre des raisons*, I. L'âme et Dieu（1953）, Paris, Aubier-Montaigne, 1968, p. 31.

*92　マルシャル・ゲルーはデカルト的懐疑の三つの性質を強調している。それは、方法的性質、普遍的性質、根本的性質であり、「さらに、懐疑の方法的性質は、知の確実性すなわち科学の教条主義を設立するために懐疑を単純な方法にする。その結果として四番目の性質が生じる。デカルト的懐疑は暫定的である」と彼はつけ加えている。

*93　デカルト「方法序説」、『デカルト著作集1』（白水社、一九七三年）およびデカルト「省察」、『デカルト著作集2』（白水社、一九七三年）を参照のこと。

*94　訳注　J. Lacan, « Problèmes cruciaux pour la psychanalyse », in *Autres écrits*, Paris, Seuil, 2011, p. 199.

*95 訳注 *Ibid.*, p. 200.

*96 「私はそこで、真理の源泉たる最善の神ではなくて、或る邪意にみちた、しかもこの上もなく力能もあれば狡知にもたけた守護霊が、その才智を傾けて私を欺こうと工面してかかってきている、と想定しよう」。デカルト『デカルト著作集2』（白水社、一九七三年）、三五頁。

*97 訳注 ソシュール『一般言語学講義』（岩波書店、一九七二年）、二一頁。

*98 同右、二四頁。

*99 同右、一一〇頁。

*100 訳注 ラカン『セミネール第一巻 フロイトの技法論（上）』、前掲書、七頁。

*101 第二章参照。

*102 訳注 ラカン「精神分析における言葉《パロール》と言語活動《ランガージュ》の機能と領野」、前掲書、三六七頁。

*103 訳注 同右、三七九頁。

*104 J.-L. Nancy, P. Lacoue-Labarthe, *Le titre de la lettre*, Paris, Galiée, 1973を参照のこと。しかし、それは精神分析の理論に適した方法ではないのだろうか。フロイトがエディプス・コンプレックスを発見するとき別の仕方でするだろうか。「他のどこででもそうであるように、自分の中にも私は母親に対する愛の感情と父親に対する嫉妬の感情を見つけました」。それは「自己分析」の結果の特異な発見であり、すぐに「エディプス王の持つ人の心をとらえる力が理解できます」。それは「普遍的な価値」を持つ考えであり、自らを語るために神話や文化に訴える必要があり、無意識に関連づけられないことは不可能なものである。精神分析は、カッコウのように、自らの利益のために巣を横領しながら、他の鳥の巣の中に自分の巣を作る一つの理論である。フロイト『フロイト フリースへの手紙――1887-1904』（誠信書房、二〇〇一年）、手紙一四二を参照。

*105 ソシュール『一般言語学講義』、前掲書、一六〇頁。

*106 同右、九六頁。仮に「木」という単語を考えるなら、シーニュ（言語記号）は、その音つまり音素によって構成さ

れる聴覚映像を、「木」という物にではなく概念に結びつけている。「木」というカテゴリーは、様々な植物のうちの一つである多くの変種を含み込んでおり、それは「木」という用語で一括りにできる。

*107 シニフィアンの集合は、ラカンがシニフィアンの宝庫と呼ぶ大文字の他者の中にある。というのも、主体が話すラングの諸要素があるのは、第一には話す母であるこの大文字の他者の中であるからである。しかし、また主体が話しかけるのは大文字の他者というこの「場」である。

*108 ある単語は、ラングの歴史の観点から、つまり通時的な観点から研究することができる。例えば「bureau 事務用の机」という単語を考えてみよう。bureau は中世においては布地を指していた。この布地はテーブルクロスを作るのに役立つ毛織物であり、換喩によってこの布地で覆われたテーブルとなり、つづいてあらゆる仕事机となった（アラン・レイ監修『フランス語歴史辞典』参照）。ソシュールによれば、共時的なパースペクティヴでは、ある時点でのラングにおける他の単語との関係の中で、この bureau という単語は、机でも椅子などでもないことで意味を持つ。ラングの他の諸要素との差異の中で、同時に辞書の中で、それは価値を持つのである。それを定義するための参照は別のシニフィアンなのである。シニフィアンはつねにもう一つのシニフィアンを参照させる。

*109 訳注　フロイト『フロイト　フリースへの手紙――1887-1904』、前掲書、二七五頁。

*110 訳注　同右。

*111 フロイト「トーテムとタブー」、『フロイト著作集3』（人文書院、一九六九年）。

*112 ラカン「精神病のあらゆる可能な治療に対する前提的な問題について」、『エクリII』（弘文堂、一九七七年）。

*113 ラカンは言語学者ヤコブソンから隠喩と換喩の概念を引き継いだ。ラカンは隠喩と換喩をフロイトにおける圧縮と置き換えと同一視する。フロイトにとって、圧縮と置き換えは無意識を支配する一次過程での基本的な機制である。

*114 ファルスとは現実のペニスではない。エディプス的な弁証法では、想像的なファルスから象徴的なファルスへの移行が問題となっている。想像的ファルスとは、母親に想定された想像的な対象であり、子どもはまずそれに同一化する。象徴的なファルスとは、一つのシニフィアンであり、このシニフィアンはシニフィエの諸効果を一つの集合とし

て意味する。つまり、父性隠喩の介入によって性的なものとしての意味が打ち立てられることを示している。

*115 YaHVeH において（ユダヤの伝統にしたがって間違って）しばしば発声されるYHVH。

*116 ラカン「精神病のあらゆる可能な治療に対する前提的な問題について」、前掲書、三四六頁。

*117 訳注　同右。

*118 フロイト「終わりある分析と終わりなき分析」、『フロイト著作集6』（人文書院、一九七〇年）。

第四章　現実界

*119 訳注　J. Lacan, « Les quatre concepts fondamentaux de la psychanalyse », in *Autres écrits*, Paris, Seuil, 2011, p. 187.

*120 *Ibid.*, p. 188.

*121 治療の進展によって改善が見られる際につねに、改善とは反対の悪化が生じるという結果になる抵抗の一種。

*122 フロイト「快感原則の彼岸」、『フロイト著作集6』（人文書院、一九七〇年）、一五六頁。

*123 ラカン『セミネール第一一巻　精神分析の四基本概念』、前掲書、八二頁。

*124 同右、八三頁。

*125 容れ物（花瓶）と自我の諸対象（花束）の異質性を把握するために、理想についての光学的シェーマを参照のこと。第二章参照。

*126 以下を参照のこと。「移行対象と移行現象：最初の我ではない所有物の研究」、『児童分析から精神分析へ――ウィニコット臨床論文集2』（岩崎学術出版社、一九九〇年）。

*127 ラカン『セミネール第四巻　対象関係』（岩波書店、二〇〇六年）を参照のこと。

*128 ラカン『セミネール第五巻　無意識の形成物』（岩波書店、二〇〇五年）。

*129 アウグスティヌス『アウグスティヌス著作集5　告白録（上下）』（教文館、一九九三年）。

*130　J. Lacan, *Le désir et son interprétation, Le Séminaire, Livre VI* (1958-59), texte établi par J.-A. Miller, Paris, Seuil, 2013.
*131　J. Lacan, *L'angoisse, Le Séminaire, Livre X* (1962-63), texte établi par J.-A. Miller, Paris, Seuil, 2004.
*132　鏡の中に主体は眼差しを向けている自分を見ない。ある状況の中でこのことが生じるとき、不安や無気味な感じがわき起こる。フロイト「無気味なもの」、『フロイト著作集3』（人文書院、一九六九年）を参照のこと。
*133　J. Lacan, *Le transfert, Le Séminaire, Livre VIII* (1960-61), texte établi par J.-A. Miller, Paris, Seuil, 1991.
*134　訳注　本書八〇頁を参照のこと。
*135　訳注　主人のディスクール、大学人のディスクール、分析家のディスクール、ヒステリー者のディスクールと並ぶ、ラカンが四つのディスクールと呼ぶものの一つであり、この四つのディスクールの議論において、四つの項（S_1、S_2、$\$$、a）は次の四つの場所（動作主、他者、真理、産出物）を順次占め、四つのディスクールを形成する。

$$\frac{\text{動作主}}{\text{真理}} \qquad \frac{\text{他者}}{\text{産出物}}$$

*136　ラカンは四つのディスクールで社会的紐帯の可能性を要約する。そのうちの一つである分析家のディスクールは次のように記される。

$$\frac{\$}{S_1} \longleftarrow \frac{a}{S_2}$$

対象aはディスクールの動作主の位置にあり、斜線を引かれた主体$\$$は他者の位置にある。知S_2は真理の場所にやって来る。すなわち、垣間見られすべては語られない mi-dite 真理を知にするのである。分析のなすべき任務は以上のようなものである。このディスクールが産出するのはS_1、主体に固有で主体を決定する主-シニフィアンである。

*137 声は聴覚言語的な幻覚に介入し、眼差しは主体が見張られているなどと感じる注察妄想に介入する。

*138 J. Lacan, *Encore, Le Séminaire, Livre* XX（1972-73）, texte établi par J.-A. Miller, Paris, Seuil, 1975, p. 73.

*139 アリストテレスにとっては定言的と言われる四つの命題形式がある。（A）全称特殊（すべてのSはPである）、（E）全称否定（すべてのSはPでない）、（I）特殊肯定（あるSはPである）、（O）特殊否定（あるSはPでない）。S.C. Kleene, *Logique mathématique*, trad. J. Largeault, Paris, Armand Colin, 1971 およびアリストテレス『アリストテレス全集1』（岩波書店、一九七一年）と同『アリストテレス全集2』（岩波書店、一九七〇年）を参照のこと。

*140 チャールズ・サンダース・パース（一八三九年〜一九一四年）、アメリカの哲学者であり数学者。

*141 J. Lacan, *Encore, op. cit.*, pp. 73-75.

*142 訳注 J. Lacan, *D'un discours qui ne serait pas du semblant, Le Séminaire, Livre XVIII*（1971）, texte établi par J.-A. Miller, Paris, Seuil, 2006, p. 74.

*143 J. Lacan, *Encore, op. cit.*, p. 75.

*144 *Ibid.*, p. 80.

*145 J. Lacan, *...ou pire, Le Séminaire, Livre XIX*（1971-72）, texte établi par J.-A. Miller, Paris, Seuil, 2011, p. 91.

*146 *Ibid.*

*147　J. Lacan, *Encore, op. cit.*, p. 112.

*148　*Ibid.*, pp. 112-113.

*149　訳注　*Ibid.*, p. 114.

*150　訳注　ラカンは壁文 lettre d'a-mur と恋文 lettre d'amour を音韻的にかけている。英訳の訳注によれば、a-mur は「(対象) aの壁」を意味する。

*151　訳注　J. Lacan, *Encore, op. cit.*, p. 114.

*152　*Ibid.*

*153　訳注　*Ibid.*

*154　訳注　*Ibid.*

*155　J. Lacan, *Les non-dupes errent, Le Séminaire, Livre XXI* (1973-74), inédit, séance du 13 novembre 1973.

*156　ネルヴァル「幻想詩篇」、『ネルヴァル全集V　土地の精霊』(筑摩書房、一九九七年)。

*157　J. Lacan, « La Troisième », in *Lettres de l'École Freudienne*, n° 16, Paris, EFP, 1975, p. 199.

*158　訳注　*Ibid.*

*159　訳注　*Ibid.*, p. 201.

*160　訳注　*Ibid.*

*161　訳注　*Ibid.*, p. 202.

*162　訳注　*Ibid.*, p. 203.

*163　E. Porge, *Les noms du père chez Jacques Lacan. Ponctuations et problématiques*, Toulouse, Érès, 1997, p. 137. そのうえ、エリック・ポルジュは、ラカンのあらゆる進展は当時の歴史的な出来事や精神分析の動向の急激な変化などの状況が明らかにする諸問題と関係していることを非常にうまく示している。

*164　こうした概念は、アングロ-サクソンの精神分析家たちが神経症と精神病との境目に位置づける臨床的なカテゴリ

ーを指し示すために導入した。境界性（ボーダーライン）人格とは、対象に関連した強い依存関係や抑うつを避ける機能をもつ誘惑的な行動によって特徴づけられる。行為への移行（行動化）はしばしば見られるものの、ボーダーラインの主体は社会的に非常によく適応したものとして自分を見せることができる。そこで、提起される問題とは、神経症的構造、精神病的構造、倒錯的構造という諸構造の見地からすれば、どのように境界性人格を位置づけることができるのかである。もしくは、新しいカテゴリーを鑑みて、この標定基準を考え直す必要があるのかどうか自問しなければならない。

*165　第三章参照。

*166　J. Lacan, *R.S.I., Le Séminaire, Livre XXII* (1974-75), inédit.

*167　ジェイムズ・ジョイス（一八八二年〜一九四一年）はダブリンの貧乏なカトリック教徒の家庭に生まれた。大酒飲みの父のせいで、家族はひどい困難の中での生活を余儀なくされた。ジェイムズ・ジョイスは一九〇四年にダブリンを離れトリエステに行き、次にチューリッヒに赴き、一九二〇年から一九三九年までパリに滞在する。そして、最後にチューリッヒに戻り、一九四一年に亡くなった。ジョイスの作品は自らの人生における出来事やそこから生じた問題から作り上げられている。このことはとりわけ『ダブリンの市民』や『若い芸術家の肖像』、一九二二年に出版された最も有名な作品である『ユリシーズ』において顕著である。

*168　J. Lacan, *Le sinthome, Le Séminaire, Livre XXIII* (1975-76), texte établi par J.-A. Miller, Paris, Seuil, 2005.

*169　ジェイムズ・ジョイス『ユリシーズ』（河出書房新社、一九六四年）。

*170　訳注　J. Lacan, *Le sinthome, op. cit.*, p. 74.

*171　訳注　*Ibid.*, p. 22.

*172　訳注　この自我は、自我心理学において主張されような強化の対象となる自我ではなく、像としての身体に関わるラカン的な自我である。

*173　J. Lacan, « Joyce le Symptôme I » (1975), in J. Aubert (dir.), *Joyce avec Lacan*, Paris, Navarin, 1987, p. 25.

*174　J. Lacan, *Le sinthome, op. cit.*, pp. 148-149.
*175　訳注　*Ibid.*, p. 150.
*176　訳注　*Ibid.*, p. 22.
*177　訳注　*Ibid.*, p. 15.
*178　*Ibid.*, p. 22.

第五章　最後に

*179　訳注　ラカン『家族複合』（哲学書房、一九八六年）、一〇七頁。
*180　J. Lacan, *Le sinthome, op. cit.*, p. 136.
*181　以下を参照のこと。エリザベト・ルディネスコ『ジャック・ラカン伝』、前掲書、四三〇頁～四三二頁。
*182　ベルギー、イタリア、スペインなどであり、とりわけ南アメリカで広まる。
*183　哲学者（例えば、ラカンに賛同あるいは反対して思索したリオタールやフーコー、ドゥルーズなど）やフェミニスト、文芸批評家など。
*184　J. Lacan, *Les problèmes cruciaux de la psychanalyse, Le Séminaire, Livre XII* (1964-65), inédit, séance du 5 mai 1965.
*185　「精神分析の倫理」といった概念は、伝統的倫理の概念――こうした倫理は道徳に依拠していた――の手直しを明らかに前提としている。いわば倫理の伝統から「逸れる」操作を行うのである。
*186　フロイト「転移性恋愛について」、『フロイト著作集9』、一一〇頁。
*187　訳注　フロイト「精神分析療法の道」、『フロイト著作集9』、一三二頁。
*188　フロイト「精神分析療法の道」、前掲書、一三二頁。
*189　訳注　フロイト「分析医に対する治療上の注意」、『フロイト著作集9』、八二頁。

*190　同右。

*191　ラカン『セミネール第七巻　精神分析の倫理（上）』（岩波書店、二〇〇二年）、一〇四頁。

*192　同右、五三頁。

*193　ラカン『セミネール第一巻　フロイトの技法論（上）』、前掲書、一六頁。

*194　J. Lacan, « Les quatre concepts fondamentaux de la psychanalyse », *op. cit.*, p. 187.

*195　訳注　J. Lacan, « La place de la psychanalyse dans la médecine », conférence du 16 février 1966, Cahiers du Collège de Médecine, pp. 761-774, p. 767.

*196　訳注　ラカン『テレヴィジオン』（青土社、一九九二年）、八三頁〜八四頁。

*197　同右、八四頁。

*198　訳注　簡潔に述べるなら、それは精神分析家の資格の認定制度のことである。

*199　訳注　J. Lacan, « Proposition du 9 octobre 1967 sur le psychanalyste de l'École », in *Autres écrits*, Paris, Seuil, 2011, p. 243.

*200　訳注　J. Lacan, « Conclusion du 9e Congès de l'École Freudienne de Paris », 6-9 juillet 1978 à Paris, in *Lettres de l'École Freudienne*, n° 25, vol. II, Paris, EFP, juin 1979, pp. 219-220, p. 220.

*201　訳注　同右。

*202　例えば、諸科学で行われるような伝達の意味での伝達の不可能性のことで、ラカンの教育活動の終盤を占めることになる、現実界に由来する伝達不可能性のこと。

*203　訳注　J. Lacan, « Conclusion du 9e Congès de l'École Freudienne de Paris », *op. cit.*, p. 219.

*204　*Ibid.*, p. 220.

*205　W. Benjamin, « Le narrateur. Réflexions à propos de l'œuvre de Nicolas Leskov »（1936）, in *Écrits français*, Paris, Gallimard, 1991, p. 206.

原著者紹介

アラン・ヴァニエ（Alain Vanier, 1948-）

ラカン派の精神分析家。ラカンに分析を受ける。パリ市内の精神病院に精神科医として勤務したのち、パリ第七大学臨床人間科学（精神病理学）部門で教鞭を取り、同大学の教授に就任し、現在では同大学の精神分析・医学・社会研究センター長も務めている。精神分析団体 Espace Analytique（一九九四年にモード・マノーニによって創設された）に所属してセミネールや学会を開催しているほか、パリ国立高等美術学校でも芸術に関する特別講義を定期的に行っている。主著に、本書 *Lacan*, Paris, Les Belles Lettres, 1998. *Une introduction à la psychanalyse*, Paris, Armand Collin, 2010 など。

訳者紹介

赤坂和哉（あかさか　かずや）

一九七三年北海道生まれ。横浜市立大学（国際関係学）卒。中央大学大学院博士前期課程（教育学）、パリ第八大学大学院ＤＥＡ課程（精神分析）を経て、上智大学大学院文学研究科心理学専攻博士後期課程単位取得満期退学。博士（心理学）。臨床心理士。専門は精神分析、臨床心理学。現在、徳島大学精神保健・総合相談センター総合相談部門講師。論文に「沈黙における脱同一化の機能」（『精神分析研究』）、著作に『ラカン派精神分析の治療論――理論と実践の交点』（誠信書房）など。

福田大輔（ふくだ　だいすけ）

一九七四年東京生まれ。専修大学（文学部）卒。パリ第八大学大学院修士課程、ＤＥＡ課程（ともに精神分析）を経て、パリ第八大学大学院博士課程修了。博士（精神分析）。専門は精神分析、フランス精神医学史、現代思想。現在、青山学院大学総合文化政策学部准教授。論文に「三島由紀夫 筋肉のメランコリー」「三島由紀夫 家族の見掛けと対象ａの弁証法」（『ＩＲＳ、ジャック・ラカン研究』）、共著に『精神分析の名著』（立木康介編、中公新書）など。

アラン・ヴァニエ

はじめてのラカン精神分析《せいしんぶんせき》―初心者《しょしんしゃ》と臨床《りんしょう》家《か》のために

2013年11月30日　第1刷発行

訳　者　赤坂和哉
　　　　福田大輔
発行者　柴田敏樹
印刷者　日岐浩和

発行者　株式会社　誠信書房

〒112-0012　東京都文京区大塚3-20-6
電話　03 (3946) 5666
http://www.seishinshobo.co.jp/

中央印刷　協栄製本　落丁・乱丁本はお取り替えいたします
検印省略

Printed in Japan
ISBN 978-4-414-40420-3　C3011

ラカン派精神分析入門　理論と技法

ブルース・フィンク著
中西之信・椿田貴史・舟木徹男・信友建志訳

ラカン派精神分析の理論と技法に関する包括的で実践的な入門書。著者B. フィンクは『エクリ』全編の新英訳を完成させたアメリカを代表するラカン派の臨床家である。ラカンの基本概念とラカン派の実践について豊富な事例を通じて手に取るように理解できる驚嘆の書。

目　次

A5判上製　定価（本体5000円+税）

ラカン派精神分析の治療論

理論と実践の交点

赤坂和哉著

ラカン派精神分析の実践法を解説する書。ラカンの精神分析は，理論にくらべ，その臨床実践の部分はこれまであまり明らかにされてこなかった。著者は，現在もパリで続けられているミレールの講義（セミネール）を基にして，ラカン派の理論から実践の在り方を導き出した。本書には，このラカン派の技法に加え，後期を含めたラカンの思想体系の概要が記されている。

目　次

A5判上製　定価(本体3300円+税)